ES FÁCIL VENDER
SI SABES CÓMO

ISBN 978-84-616-6385-9

A mis hijos, José, Carlos e Ignacio.

A mi esposa, Eloísa, sin cuyo apoyo
nunca habría podido escribir este libro.

José Antonio Navarro

"No mires nunca de dónde vienes,
sino a dónde vas"

Pierre Agustín de Beaumarchais (1732-1799). Poeta dramático francés.

PRÓLOGO

Cuando, después de un periplo profesional fuera de Valencia, regresé a mi ciudad natal, lo hice con un bagaje profesional muy superior al de mi partida.

Fruto de este bagaje apareció la convicción de que en la Comunidad Valenciana existía una brecha profesional entre la producción y la comercialización, basada, a mi juicio, en las formas de entender la empresa en general y las ventas en particular, de los gerentes y *dueños* de la empresa valenciana.

La economía de la Comunidad Valenciana esta compuesta, en gran medida, por empresas pequeñas y medianas que en su gran mayoría son empresas familiares. En este contexto empresarial, los gerentes/dueños envían a sus hijos a la Universidad para que realicen estudios superiores, de modo que cuando vuelven a la empresa -esto se da en muchos casos- lo hacen en calidad de gerentes o directores.

Mientras tanto, el nivel de mandos intermedios se nutre de empleados más o menos aventajados, los cuales presentan muy buena voluntad, gran capacidad de sacrificio y , normalmente, escasa o nula preparación para el desempeño de su trabajo. Esto es especialmente aplicable a los departamentos comerciales, y supone lo que es, a mi entender, un déficit endémico en la comercialización de nuestros bienes o servicios, en relación a otras regiones o comunidades nacionales, por no hablar de otros países.

Mi intención y mi meta, desde el momento en que regresé a Valencia y tuve conciencia de lo anterior, es la de poner mi granito de arena para que esta brecha sea lo más pequeña posible, o desaparezca con la ayuda de todos, en el menor tiempo posible, utilizando para ello la formación y el desarrollo de los mandos intermedios comerciales de las empresas de la Comunidad valenciana.

El libro que el lector tiene en sus manos es el resultado de mi propia experiencia como vendedor, también la de Salvador Bayona, el co-autor, pero también de la experiencia adquirida en las formaciones realizadas a lo largo de más de 10 años con alumnos de todo tipo y provenientes de todos los sectores empresariales. Pretende ser una herramienta de consulta, amena y clara, que ayude a mejorar la capacitación comercial de quien lo lea.

José Antonio Navarro

INTRODUCCIÓN

Reunión anual de una agrupación de empresarios cualquiera. Poco antes de la cena todos se encuentran en el hall del hotel. Un grupo de cuatro o cinco comentan animadamente las noticias relativas a la situación económica. Uno de ellos afirma con rotundidad:

- *Desde el último ajuste de los mercados mundiales, las cosas no volverán a ser como eran, ni, en consecuencia, las formas de actuación en los mercados.*

Los demás asienten. Por fortuna ellos son empresarios de alto nivel y puede pronosticar muy bien los nuevos retos a los que vamos a tener que enfrentarnos en el futuro. Por desgracia, sin embargo, ninguno de ellos sabe exactamente cómo hacerlo.

Lo que tampoco saben es que un par de calles más abajo se reúne un grupo de comerciales de sus empresas. Se conocen entre ellos desde hace tiempo y de vez en cuando quedan a tomar algo al acabar su jornada. Ahora están comentando las incidencias más destacadas desde la última vez que se vieron. Uno de ellos acaba de pronunciar exactamente las mismas palabras que el empresario. Unas palabras que ya fueron pronunciadas en anteriores crisis, en lugares parecidos, por personas como ellos, que también pensaron que había que comenzar a trabajar de manera diferente. Pero tampoco ellos sabrían decir cómo.

Es una afirmación con la que sería difícil no estar de acuerdo. Sin embargo es algo que sucede periódicamente. De pronto estalla una crisis y la gente – gerentes, directores comerciales y vendedores de todas las empresas del mundo– se da cuenta de que no puede seguir haciendo lo que se venía haciendo hasta ahora. Sucede en la actualidad, sucedió en el siglo pasado y mucho antes.

Ésta, sin duda, se trata de una crisis actual por el hecho de que toda la sociedad se debe reorientar hacia las nuevas formas que conllevan los nuevos tiempos. También han de hacerlo, por supuesto, los gerentes y profesionales de las áreas comerciales. Pero las crisis era también actual en el siglo pasado, ¿o acaso no ha habido cambios en los mercados durante toda la historia de la humanidad?

Desde el trueque a la acuñación de moneda, desde los viajes de Marco Polo al descubrimiento de América por Cristóbal Colon, desde la Revolución industrial a la caída del muro de Berlín. Cualquier descubrimiento científico, técnico, humanístico, sideral, el petróleo, las fibras sintéticas, los vuelos de los hermanos Wright, los modelos de Leonardo Da Vinci, las vacunas contra cualquier enfermedad, y un sinfín de etcéteras que cada uno podremos añadir, han supuesto cambios en la sociedad y, por tanto, un realineamiento de la misma en torno a esos cambios.

La crisis siempre es la misma, pero adquiere formas distintas. Es necesario, pues, reflexionar sobre ello, y hacerlo desde la perspectiva de quienes se dedican a la labor comercial. Puesto que de ellos depende la actividad económica de sus empresas y, por ende, la vitalidad de la economía de la sociedad.

Desde un punto de vista comercial, la primera cosa que un Gerente, un Director comercial o un vendedor debería de hacer, sería preguntarse ¿Qué ha cambiado en los últimos tres años en mi trabajo y en el de mis clientes? No es una mala pregunta, y no va mal encaminada… salvo por el hecho de que llega tres años tarde.

La verdadera pregunta que se debería hacer todo profesional de la venta es *¿qué ha cambiado hoy y qué va a cambiar mañana?*

El libro que el lector tiene entre sus manos tiene un enfoque marcadamente comercial, pues a esta parte de las relaciones humanas está dedicado. No obstante, los principios que intentan ordenar estas relaciones pueden ser aplicados a muchas –por no decir todas- las actividades cotidianas de las personas.

Porque todo el mundo vende algo: productos, ideas, modos de vida, proyectos…

A los autores anima, por tanto, una visión humanista de la acción comercial puesto que la venta y la compra -la *relación* comercial- es una actividad realizada por personas, para personas y entre personas. ¿Podría ser llamada relación si no tuviera en cuenta a las personas implicadas?

La metodología planteada en el presente libro pretende ser una guía para que el lector reflexione sobre su propio trabajo y conozca los pasos que deben darse para poder vender con eficacia, pero también con eficiencia y, sobre todo, vender hoy y vender también mañana.

En último término, este libro quiere *hacer más fácil* la vida a comerciales y directores comerciales.

Su lectura no garantiza el éxito. Ningún libro puede conseguir el éxito sin el concurso del lector. Lo que si asegura es poder contar con un manual para mejorar diariamente en el desempeño de las labores comerciales. Lo que contiene no son palabras vanas, sino el resultado de la experiencia de los autores, quienes han seguido sus propias pautas y han visto confirmado con el éxito lo adecuado de su planteamiento.

CAPÍTULO 1
¿Por qué debería saber más de mis clientes?

Marcos está desorientado. Vende abrasivos para una multinacional. Está convencido de que su producto es de buena calidad y sabe que sus condiciones son competitivas. Después de mucho intentarlo ha conseguido entrevistarse con los responsables de compras de los dos principales consumidores de discos de pulido, prácticamente el 80% del consumo de la zona. Son dos empresas casi idénticas por lo que respecta a volumen, estructura, número y tipo de clientes. Las ofertas que ha elaborado para uno y otro son, por tanto, idénticas: la misma argumentación, los mismos productos, los mismos márgenes, los mismos plazos… Son las mejores ofertas que ninguno de ellos podrá encontrar en el mercado. Sin embargo, mientras el jefe de compras de la empresa AAA está encantado, el de la empresa BBB ha sido un hueso imposible de roer. Marcos no sabe por qué, pero como no haga algo, y lo haga pronto, perderá esta gran oportunidad.

El comportamiento de compra

Todos nosotros sentimos, de manera consciente o inconsciente, una serie de necesidades a lo largo de nuestra vida que determinan nuestro comportamiento. De naturaleza tanto material como espiritual o intelectual, son los motores de nuestro comportamiento cotidiano.

Estas necesidades afloran en la medida en la que van cambiando las situaciones en que nos encontramos. Así tenemos necesidad de saciar el hambre, de encontrar abrigo, de comunicarnos con alguien, de ser respetados, de recibir cariño…, de modo que, ante la carencia percibida de alguna de estas necesidades buscamos su satisfacción, nos movemos para llenar ese hueco que presentimos.

Una vez hemos percibido estas necesidades, estas carencias, las trataremos de satisfacer, y, para ello, realizaremos una serie de comportamientos, que es lo que en este libro vamos a denominar *Comportamiento de compra*.

EL COMPORTAMIENTO DE COMPRA ES EL CONJUNTO DE ACTIVIDADES QUE LLEVA A CABO UNA PERSONA O UNA ORGANIZACIÓN DESDE QUE SE DESENCADENA UNA NECESIDAD HASTA EL MOMENTO QUE EFECTÚA LA COMPRA O ADQUISICIÓN Y CONSUME O USA, POSTERIORMENTE, EL PRODUCTO O SERVICIO ADQUIRIDO

Un profesional de la venta, de las relaciones comerciales, debe saber cuáles son estas actividades y, en consecuencia, cuál puede ser el comportamiento de compra de un posible cliente, por dos motivos importantes:

- Porque facilitará y orientará la compra y su consumo.
- Porque incrementará la satisfacción de la necesidad del cliente y facilitará su decisión de compra.

Para conseguir este fin tenemos que tener presentes una serie de preguntas, que por sí mismas ya deberían ser motivo de reflexión, sin las cuales la relación comercial será más una ruleta de la fortuna que una actuación profesional. La respuesta a estas preguntas definirá el éxito o el fracaso del proceso de venta.

<table>
<tr><td>

¿QUÉ DEBO PREGUNTARME ACERCA DEL CLIENTE?

- *¿QUÉ?*
- *¿QUIÉN?*
- *¿CÓMO?*
- *¿CUÁNTO?*
- *¿CUÁNDO?*
- *¿DÓNDE?*
- *¿POR QUÉ?*
- *¿PARA QUÉ?*

</td></tr>
</table>

Si tenemos en cuenta, además, que nuestro interlocutor es un ser social, como nosotros, y se relaciona con sus semejantes, deberemos formular estas preguntas referidas a tres aspectos fundamentales de la persona como sujeto de la relación comercial:

- Las personas compran
- Las personas consumen
- Las personas informan

La combinación de las preguntas anteriores y los actores que intervienen en el comportamiento de compra nos darán las posibles situación y actividades que se pueden dar en un procedimiento comercial; ¿Quién compra?, ¿Quién consume?, ¿para qué informa? ¿Cómo informa?, ¿Cuánto consume?, ¿Cuándo lo consume?, etc.

Como se ha dicho al inicio del libro, las relaciones comerciales están realizadas por personas, para personas y entre personas; será, por tanto, fundamental, conocer que las decisiones de compra están siempre influenciadas por cómo sean esas personas y su situación, tanto personal como cultural, sociológica o psicológica, por cómo se comportan en función de los diferentes factores ya expuestos y de su combinación en la psique de cada persona concreta.

Para llegar al conocimiento de cada persona hay que ir descubriendo las diferentes capas o estratos que la definen, de la misma manera que para llegar al corazón de una cebolla debemos ir pelándola capa por capa.

Los factores sociales

En los factores que intervienen en un procedimiento de compra deberemos tener en cuenta, en primer lugar, la **cultura** de las personas que en el intervienen, puesto que la cultura es el determinante fundamental de los deseos y comportamiento de las personas. Es evidente que una persona de cultura occidental no actúa habitualmente de igual modo que otra perteneciente a una cultura oriental o africana… o samoana. Tampoco, por tanto, comprará de igual manera.

Si eres un occidental en el mundo árabe no olvides discutir el precio de la mercancía, pero no intentes hacer lo mismo en Londres o te verás ante las autoridades.

También es necesario conocer si esa persona está enmarcada dentro de alguna **sub-cultura**, entendida como aquella que le provee de factores de identificación y socialización específicos. Si damos un vistazo a nuestro alrededor podremos identificar subgrupos cuyo comportamiento se rige por patrones que, en un momento determinado, nos podrían permitir incluso predecir su comportamiento: no se comportará igual un joven inmerso en la sub-cultura del rock & roll que una anciana cuya única ambición sea jugar al parchís con sus amigas en el Club de Campo. ¿Podríamos prever lo que cada uno de ellos hará el próximo sábado por la tarde? Tal vez no lo podamos hacer con exactitud, pero hay pocas probabilidades de que el joven juegue al parchís y la venerable ancianita se monte en una Harley y se vaya a un concierto de rock.

Otro de los factores a tener en cuenta es la **clase social** a la que pertenece el individuo, entendida como la posición de un individuo o familia en una escala social. En líneas generales los individuos de una misma clase social tienden a reproducir los mismos hábitos de consumo, por lo que es fundamenta identificar la clase social a la que pertenece nuestro cliente.

Si sabemos todo esto de nuestro cliente ya podemos decir que sabemos bastante acerca de él. Debemos, no obstante, tener en cuenta otros factores que nos permitirán poder predecir con un mayor grado de acierto cuál será su comportamiento de compra. Existen, sin embargo, otros factores de índole social entre los que se incluyen: los grupos a los que pertenece la persona, la familia y sus relaciones, y los roles que desarrolla o su status personal.

<table>
<tr><td colspan="2" align="center">Cuadro 1. Ejemplo de clases sociales</td></tr>
<tr><td>- Clase alta-alta</td><td>Es la élite social. Tienen apellidos ilustres y viven de fortunas heredadas.</td></tr>
<tr><td>- Clase alta-baja</td><td>Tienen ingresos altos o han ganado grandes fortunas a través de habilidades excepcionales tanto en sus profesiones como en sus negocios.</td></tr>
<tr><td>- Clase media-alta</td><td>No tiene un estatus de familia ni una fortuna inusual, sino que se trata de personas que están altamente implicadas en sus carreras profesionales.</td></tr>
<tr><td>- Clase media:</td><td>Formada por obreros cualificados y sin cualificar, con salarios medios.</td></tr>
<tr><td>- Clase trabajadora</td><td>Formada por obreros cualificados con salarios bajos.</td></tr>
<tr><td>- Clase baja-alta</td><td>Es gente trabajadora aunque están justo en el límite de la pobreza. Realiza trabajos mal remunerados.</td></tr>
<tr><td>- Clase baja-baja</td><td>Es gente visiblemente golpeada por la pobreza y no tienen trabajo fijo, o desarrollan aquellos trabajos que nadie más quiere hacer.</td></tr>
</table>

El grupo de pertenencia establece normas, roles, status, relaciones de socialización y de poder, que influyen a su vez en el comportamiento de compra de las personas.

Todos hemos visto a algún niño que reclama a sus padres con insistencia y llanto un determinado tipo de zapatillas de deporte, una camiseta, un juguete. Tal vez hayamos sido ese niño. Tal vez en alguno de nuestros comportamientos de compra seamos ahora también ese niño.

Resulta difícil entender las razones de esa obstinación por ese objeto en concreto y no por otro de similares o superiores características y prestaciones. Resulta difícil, en ocasiones, hasta que no vemos al niño junto con sus amigos, pandilla o compañeros de clase; entonces nos damos cuenta de que todos visten más o menos igual, se cortan el pelo más o menos igual y van a los mismos lugares de recreo.

Se nos revela, entonces, que la necesidad de pertenencia a un grupo y de identificación en él conlleva también necesidades de socialización, definición de roles y acatamiento de normas, implícitas o explicitas. Eso quiere decir: hábitos de consumo con una cierta homogeneidad, ya se trate de una banda callejera, de un club de golf, de una peña deportiva o de un grupo de senderismo.

La familia es, sin embargo, el grupo de referencia primario y el que más puede afectar al comportamiento del consumidor.

En las preguntas que nos planteábamos anteriormente podemos encontrar que algunas de ellas serán, en momento determinados, explícitamente para algún integrante de la familia: ¿quién realiza las compras?, ¿qué tipo de compras?, ¿quién las consume?, ¿quién decide si se compra o no, y que se compra?, o ¿cuándo se realizan esas compras?, por poner sólo unos ejemplos.

También hay factores del entorno familiar que pueden afectar al comportamiento de compra, y no únicamente de la familia directa, sino del juego de relaciones entre los miembros del núcleo familiar -padres e los hijos que viven bajo un mismo techo- sino también las relaciones con abuelos, tíos, primos, cuñados, hermanas, etc., pues todas ellas pueden determinar nuestro comportamiento de compra en un momento dado.

Los roles y status que desarrolla u ocupa el individuo dentro del grupo o la familia vienen precisamente definidos por ese conjunto de relaciones del que hablábamos antes. Se trata aquí de conocer la posición o de las actividades que realiza y ocupa cada individuo dentro del grupo, en una situación específica.

Esta estructura de conocimiento del individuo es extrapolable a las organizaciones. Si una persona es el líder, si es un seguidor, si es quien decide como actuar, etc. Se comportará de diferente manera. Es más, su comportamiento de compra y el de aquellos que lo rodean cambiarán en función del rol que esté desempeñando en cada circunstancia.

F.A.Q. ¿PERO EN CUÁNTOS GRUPOS PUEDE CATALOGARSE A UN CLIENTE?

En infinidad de ellos. Pero, por hacer una clasificación general, digamos que existen unos grupos a los que se pertenece de hecho y otros a los que se aspira a pertenecer. En cuanto a éstos también los clasificamos en dos sub-grupos, aquellos con los que tenemos contacto directo, como puedan ser los mandos o los directivos de una organización, y aquellos con los que no tenemos contacto directo, como son los personajes o deportistas famosos, artistas, científicos de renombre, etc.

Además de los grupos de uno u otro tipo se considera que hay unos grupos primarios, con los cuales se mantiene una relación frecuente, y otros secundarios, con los cuales la relación es esporádica. A su vez, pueden también dividirse en grupos informales y en formales en función de si las relaciones entre sus miembros están reguladas por un corpus de normas escrito. A modo de resumen:

- Según la <u>pertenencia</u>:
    o Grupos de hecho: pertenencia real.
    o Grupos de aspiración: pertenencia deseada.
        ▪ Con contacto directo
        ▪ Sin contacto directo
- Según la <u>relación</u>:
    o Grupos primarios: relación frecuente.
    o Grupos secundarios: relación esporádica
- Según su <u>naturaleza</u>:
    o Grupos formales.
    o Grupos informales.

Veamos, a continuación, unos ejemplos de lo anterior. Por supuesto, como todos los ejemplos, puede variar en función de la peculiaridad de la persona de la que estemos hablando.

Cuadro 2. Ejemplo de catalogación de grupos		
Grupos a los que se pertenece de hecho		
	Informales	Formales
Primarios	Círculo familiar Círculo de amigos	Grupos de trabajo Grupos de alumnos Asociaciones
Secundarios	Clubes deportivos Peñas Asoc. antiguos alumnos	Partidos políticos Sindicatos Colegios profesionales
Grupos a los que se aspira a pertenecer		
Con contacto directo	Jefes- mandos/directivos de una organización	
Sin contacto directo	Personajes famosos Científicos Artistas	

Los factores personales

Existe otro conjunto de factores que nos ayudarán a conocer a nuestro cliente. Son aquellos factores que le afectan exclusivamente a él como persona. Son internos y, por tanto, propios e intransferibles. Porque todos nosotros nos vemos afectados, también en nuestro comportamiento y conducta de compra, por diferentes circunstancias propias, como son la edad y la fase del ciclo de vida en que nos encontramos, nuestra ocupación -dado que el puesto de trabajo condiciona los esquemas de cada individuo-, las circunstancias económicas por las que atravesamos en un momento determinado, nuestro estilo de vida, etc.

Volveremos en este apartado a tratar de entender que una persona se comportará de diferente manera a la hora de realizar actividades en pos de satisfacer sus necesidades, por tanto, tendrá un comportamiento de compra especifico, en función de su posición social, su forma de vida, sus posibilidades dinerarias, su edad…, pero también en función de su autoestima o su personalidad.

Así, no comprará igual un ecologista adinerado, que un padre de familia con pocos recursos, o el dueño de una empresa que siempre está escatimando recursos que aquel empleado que no tenga nada que ganar o perder.

Por este mismo motivo es importante conocer el ciclo de vida familiar en el que se puede estar desenvolviendo una persona que sea nuestro interlocutor, lo cual podemos ver a continuación.

Cuadro 3. El ciclo de vida familiar	
Soltero	Persona joven, vive fuera del hogar.
Pareja recién casada	Pareja que convive en un mismo hogar. Jóvenes, sin niños.
Nido I	Matrimonios con hijos menores de 6 años.
Nido completo II	Matrimonios con hijos mayores de 6 años.
Nido completo III	Matrimonios mayores con hijos dependientes
Nido vacío I	Matrimonios mayores sin hijos dependientes viviendo con ellos. El cabeza familia continúa trabajando.
Nido vacío II	Matrimonios mayores sin hijos. Dependientes viviendo con ellos. El cabeza familia está retirado.
Solitarios en activo	Sin cargas familiares ni pareja. Trabajador en activo.
Solitarios retirados	Sin cargas familiares ni pareja. Sin obligaciones laborales.

Un simple vistazo al cuadro anterior basta para saber que los hábitos de consumo de un solitario retirado difieren considerablemente de los de, por ejemplo una persona en situación de Nido I. También su comportamiento de compra variará y valorará diferentes aspectos a la hora de comprar un mismo producto simplemente porque tendrá diferentes necesidades que satisfacer. ¿Necesitarán lo mismo al comprar, por ejemplo, una barra de pan? Si no lo averiguamos, no podremos ofrecérselo.

Los factores psicológicos

Por último, debemos comprender que en el comportamiento de compra influirá otro conjunto de factores que tienen que ver con la percepción que uno mismo tiene de las cosas y que son consecuencia de la experiencia personal. Son los factores psicológicos. Aquí nos encontramos con:

La **motivación**, entendida como la fuerza que es capaz de impulsar una conducta. Una discusión muy común entre jefes de venta o directores comerciales es la de cómo poder motivar a sus vendedores o a las personas que están a su cargo. Es imposible motivar a alguien desde el exterior de sí mismo, la única fuerza capaz de impulsar una conducta es la propia motivación, es decir, la automotivación. Sin embargo, comprender qué es lo que estimula a todas y cada una de las personas que está con nosotros nos permitirá incidir más en esos aspectos para favorecer que se automotive.

Lo mismo sucede con los compradores: ¿qué motiva a nuestro comprador?, ¿qué va a hacer que quiera comprar más y mejor?

La **percepción**, entendiéndola como la atención que le prestamos a las cosas que nos rodean, las posibles distorsiones que nosotros o el entorno creamos y la retención selectiva de aquello que nos interesa, dejando al lado aquello que no percibimos como interesante o motivador.

En un mundo como éste, saturado de estímulos perceptivos, no resulta fácil transmitir la información de nuestros productos de manera efectiva. Un cliente tipo del mundo occidental recibe miles de impactos publicitarios e informativos a lo largo del día. Su psique filtra la mayoría de los mensajes o acabaría loco. Su percepción es cada vez más selectiva. Conocer los filtros que actúan en la percepción de nuestro cliente nos ayudará a transmitir nuestra información de la manera más efectiva.

El **aprendizaje**. Es motivado por los cambios que surgen en el comportamiento de la persona en función de las experiencias y la información recibidas.

Si el personaje que interpretaba Vivien Leight en la película Psicosis hubiera sobrevivido al ataque de Norman Bates seguramente preferiría comprar mamparas de ducha transparentes a cortinillas o, si tuviera que alojarse de nuevo en un motel de carretera, se interesaría por el funcionamiento del pestillo del cuarto de baño.

Las **creencias y actitudes**, adquiridas por medio de la conducta y el aprendizaje de valores a lo largo de nuestra vida.

Alex tiene un pequeño comercio de productos electrónicos de segunda mano. Intenta conocer la procedencia de todo lo que compra y rechaza discretamente aquello que no le ofrece todas las garantías que él considera adecuadas. La mayoría de sus clientes son tan escrupulosos como él pero hay algunos a los que su tipo de negocio les parece sospechoso. Sabe que uno de los vecinos, un señor mayor al que sólo conoce de vista, ha estado diciendo pestes, pero Alex no sabe por qué. A principios de semana Alex colocó un cartel en la puerta para que todos aquellos que quisieran venderle material aportaran el ticket original de compra o no serían atendidos. Hoy mismo este vecino maledicente ha entrado por primera vez en la tienda y hasta le ha devuelto el saludo. ¿Podría haber alguna relación?

El descubrimiento de las necesidades

Tal como hemos visto anteriormente en el fondo de la acción de cualquier persona existe una búsqueda de satisfacción, y en esta búsqueda interviene todo un conjunto de factores que determinarán la manera de actuar de esa persona en función del estado en que se encuentra en cada momento, sus carencias, su estado de ánimo, sus posibilidades económicas o su posición dentro de la sociedad.

¿Qué es lo que desencadena esa búsqueda de satisfacción?

Hemos visto ya como se comportan las personas cuando tiene que realizar una compra, pero es también primordial conocer cuáles son los desencadenantes de ese comportamiento, porque detrás de toda búsqueda de satisfacción existe una necesidad insatisfecha.

Las necesidades, por lo tanto, son la clave para saber de dónde proviene esta búsqueda porque determinan también de qué manera podrán ser satisfechas. En otras palabras: si sabemos qué necesidad concreta es la que nuestro cliente necesita satisfacer podremos ofrecerle el producto que mejor lo haga.

Para esto es fundamental conocer la llamada *Pirámide de jerarquías de necesidades*, que emana de los trabajos realizados por el psicólogo estadounidense, Abraham Maslow, doctor en psicología por la Universidad de Wisconsin, que falleció en California en junio de 1970 no in antes dejarnos unos revolucionarios estudios sobre el comportamiento humano, estudios sobre los que se basa la moderna psicología del consumo.

En todas las personas hay unas necesidades que prevalecen sobre otras de modo que si, por ejemplo, tenemos sensación de hambre y sed al mismo tiempo tenderemos a beber primero. Esto se debe a que por instinto sabemos que podemos pasar varios días sin comer, pero sólo podremos estar uno o dos sin beber. Es algo determinado por la propia genética humana. Del mismo modo, si tenemos una gran necesidad de beber pero al mismo tiempo nos han colocado un mecanismo que nos impide respirar buscaremos en primer lugar encontrar la manera de respirar.

Vaya cosa más obvia, ¿verdad? Sin embargo las consecuencias que se derivan de ese hecho tan simple son la explicación a buena parte de nuestro comportamiento. Lo anterior es un ejemplo ilustrativo de lo que se ha dado en llamar la *Jerarquía de necesidades*. Esta priorización de unas necesidades sobre otras sucederá con las distintas necesidades que aparezcan a lo largo de nuestra vida.

En cada momento concreto de la vida de una persona esta jerarquía que indica las necesidades que deben ser satisfechas en primer lugar cambiará en función de cuál sea la situación personal en cada momento concreto.

Estas necesidades se representan como una pirámide en la que las más primarias componen la base y son las primeras que las personas buscaremos satisfacer. Son necesidades puramente fisiológicas, imprescindibles para la vida. En los niveles superiores de esta pirámide se sitúan necesidades de distinta índole. En la medida en que las necesidades del nivel inferior estén satisfechas la persona buscará satisfacer las del nivel superior.

Hay cinco grandes bloques: las necesidades fisiológicas, necesidades de seguridad, la necesidad de amor y pertenencia, necesidad de estima y la necesidad de actualizarse uno mismo, actualmente llamado autorrealización, tal y como se ve en el gráfico siguiente:

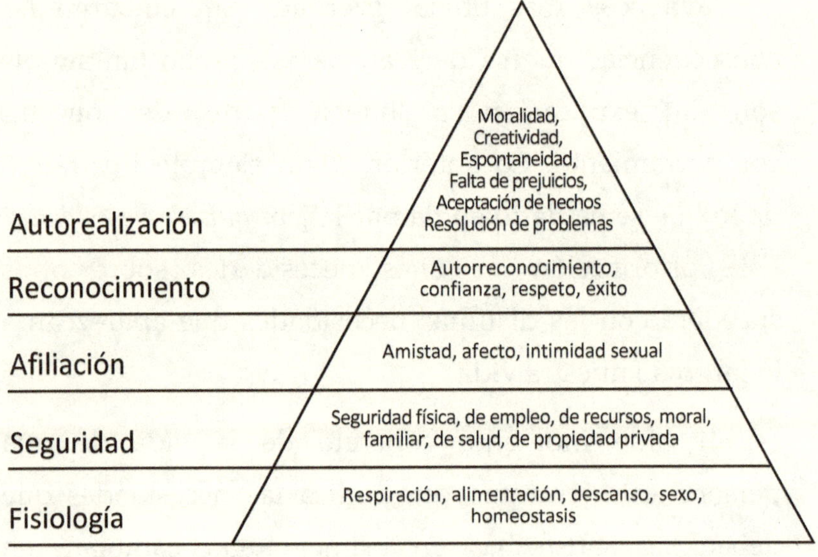

Las necesidades fisiológicas

Este tipo de necesidades son las más básicas y constituyen el motor primario del comportamiento humano.

Estas incluyen las necesidades que tenemos de oxígeno, agua, proteínas, sal, azúcar, calcio y otros minerales y vitaminas. También se incluye aquí la necesidad de mantener el equilibrio del PH (volverse demasiado ácido o básico nos mataría) y de la temperatura (36.7 ºC o cercano a él). Otras necesidades incluidas aquí son aquellas dirigidas a mantenernos activos, a dormir, a descansar, a eliminar desperdicios (CO_2, sudor, orina y heces), a evitar el dolor y a tener sexo. ¡Menuda colección!

Éstas son de hecho necesidades individuales y que, por ejemplo, una falta de cualquier vitamina conduciría a esta persona a buscar específicamente aquellas cosas que en el pasado le proveían de esa vitamina, por ejemplo el zumo de naranja, o un plátano. Cuando se llega a una carencia significativa en alguna de estas necesidades nuestro subconsciente puede llegar a desarrollar en nosotros un deseo irracional por algún tipo de objeto sustitutivo.

Así, algunos comportamientos encuentran su explicación en la necesidad de satisfacción de estas necesidades. Aquí radican los instintos y, en ocasiones, la razón última de una decisión de compra. Eso lo saben muy bien los publicistas cuando llenan los anuncios de perfumes de mensajes subliminales relacionados con el sexo.

En una ocasión unos médicos observaron que en cierta zona de España había un patrón de comportamiento extraño en niños menores de tres años: muchos de ellos tenían el hábito de lamer la cal del enlucido de las paredes. Intrigados por esta curiosidad estadística desarrollaron un estudio clínico en profundidad en el que se descubrió que una gran parte de la población de la zona presentaba problemas de descalcificación ósea a causa de una dieta pobre en calcio. La conclusión, por tanto, resultó que los niños buscaban inconscientemente en el carbonato cálcico el suplemento alimenticio que les faltaba. ¿Y qué sabrán unos niños de química? Absolutamente nada, pero su subconsciente de alguna manera, les empujaba a consumir un compuesto de calcio aun cuando su nivel de absorción para el organismo humano es insignificante.

Las necesidades de seguridad

Cuando percibimos que el primer nivel de necesidades se encuentra satisfecho, entran en juego en nosotros las necesidades relativas a la seguridad.

Empezaremos a preocuparnos por hallar cuestiones que nos den seguridad, protección y estabilidad. Incluso podremos desarrollar una necesidad de estructura, de ciertos límites, de orden.

Dicho de una manera menos académica: llega un momento en que ya no nos preocupan cosas como el hambre y la sed, y podríamos empezar a preocuparnos por nuestros miedos y ansiedades. En el adulto medio, este grupo de necesidades se suele representar por la urgencia en hallar una casa en un lugar seguro, estabilidad laboral, un buen plan de jubilación o un buen seguro de vida.

¿Vive usted obsesionado por el mañana? ¿Se ha decidido a veces por opciones "no tan buenas" pero que le garantizaban estabilidad o protección? Estaba usted intentando cubrir una necesidad de seguridad.

Para entender la preeminencia de las necesidades fisiológicas sobre éstas sólo tenemos que imaginar a un hombre de las cavernas con la barriga llena. No se adentraría en el bosque en busca de ardillas y conejos, pero después de dos días sin encontrar otra cosa que comer considerará que por estas pequeñas presas merece la pena el riesgo de encontrarse con un león *dientes de sable*.

Las necesidades de amor y pertenencia

Una vez satisfacemos nuestras necesidades fisiológicas y de seguridad comienza a entrar en escena un tercer conjunto de necesidades de orden relacional.

En este nivel empezamos a tener necesidades de amistad, de pareja, de niños y de relaciones afectivas en general, incluyendo la sensación general de pertenecer a una comunidad. Son necesidades que van adquiriendo importancia en la medida en la que los otros dos niveles alcanzan su plenitud.

Dicho de otra manera: cuando la comida ya no es un problema ni percibimos riesgos para nuestra integridad física nos volvemos exageradamente susceptibles a la soledad y a las ansiedades sociales. En nuestra vida cotidiana, exhibimos estas necesidades en nuestros deseos de unión (matrimonio), de tener familia, queremos desenvolvernos como parte de una comunidad, ser miembro de un club de futbol, una asociación, participar en las actividades de una pandilla o un club social.

La elección de una profesión (cuando aún se podía elegir) o unos estudios universitarios no es ajena a este tipo de necesidades. La pertenencia a un colegio profesional no sólo reporta ventajas profesionales sino, sobre todo, satisface esta necesidad de pertenencia e identificación con un grupo.

Nuestro hombre de las cavernas vive tranquilo: tiene caza y agua suficiente y una cálida cueva donde se siente seguro y donde almacena suficientes provisiones. Pero se siente solo. Cerca de él otros cavernícolas cantan y bailan en torno al fuego con las caras pintadas y aderezos de plumas en la cabeza. Hace tiempo que viene pensando en lo que sucedería si se pintara la cara, se adornara con plumas y bajara junto a los demás. Esa tarde observa los preparativos de los demás y, por fin, toma la decisión. Por la noche cuando regresa a su cueva después de haber tomado parte en lo ritos se siente un hombre pleno. Ahora es parte de algo.

Las necesidades de estima

Después de tener cubiertas nuestras necesidades de amor y pertenencia, las personas nos preocupamos por recibir algo de estima. De ésta, además, podemos considerar que hay dos tipos diferentes, y ambos tratamos de satisfacerlos.

Así hay una estima ,que podemos llamar *baja*, que tiene que ver con el respeto de los demás, la necesidad de estatus, fama, gloria, reconocimiento, atención, reputación, apreciación, dignidad e incluso dominio. Es la estima que deriva de las relaciones sociales, de los actos de los demás hacia nosotros.

Hay otra estima, que llamaremos *alta*, no menos importante que la anterior, que comprende el respeto por uno mismo, la autoestima, incluyendo sentimientos tales como confianza, competencia, logros, maestría, independencia y libertad. Obsérvese que esta es la forma *alta* porque, a diferencia del respeto de los demás, una vez que tenemos respeto por nosotros mismos, ¡es bastante más difícil perderlo!

Por formular la versión de estas necesidades diríamos que podemos detectarlas porque, cuando no están satisfechas se manifiesta mediante una baja autoestima y complejos de inferioridad. En muchas ocasiones nuestro comportamiento tiende a cubrir estos vacíos sin que seamos conscientes de ello o, incluso, a manifestarse precisamente mediante actitudes soberbias o arrogantes que, en definitiva, son reacciones con las que nuestro subconsciente intenta disfrazar estas carencias.

El cavernícola es ahora un miembro activo de la tribu. Se considera a sí mismo un buen rastreador y cazador. Es una actividad que le gusta. Sucede, sin embargo, que últimamente dedica demasiado tiempo a tallar sílex para hacer las puntas de las lanzas y los cuchillos. No le atrae especialmente pero reconoce que tiene un don especial. Por la razón que sea, se le da mejor que a los demás miembros y cuando selecciona las piedras y comienza a golpearlas sabe que los demás están expectantes y que sus filos reciben la aprobación y el asombro de toda la tribu.

* * * * * * * *

En los países modernos, la mayoría de nosotros tenemos, por regla general, satisfechas la mayoría de nuestras necesidades fisiológicas y de seguridad. La mayoría, también casi siempre, disfrutamos de un poco de amor (alguien suspirará en este punto) y también muchos pertenecemos a alguna asociación o club.

Maslow llama a estos niveles anteriores, **necesidades de déficit.** Si no tenemos bastante o suficiente cantidad de algo (es decir, tenemos un déficit), sentimos la necesidad. Pero si tenemos todo lo que necesitamos, ¡no sentimos nada! En otras palabras, dejan de ser motivantes. Como dice un viejo refrán: "Solo se aprecia lo que se tenía cuando se ha perdido" (en este punto, alguien volverá a suspirar, recordando aquello del amor).

Estos niveles se conciben en términos de **homeostasis,** es decir, que participan en la regulación de las condiciones para alcanzar una situación estable y regulada entre las necesidades que sentimos y su satisfacción.

Esto supone un principio parecido a un termostato, que busca un equilibrio o estabilidad: cuando hace mucho frío, enciende la calefacción; cuando hace mucho calor, disminuye la temperatura o apaga el calentador. De la misma manera, en nuestro cuerpo, cuando falta alguna sustancia, desarrolla un ansia por ella y cuando logra conseguir una cantidad suficiente entonces se detiene la búsqueda. Desde los estudios de Maslow se entiende que el principio de la homeostasis es extensivo al conjunto de estos cuatro tipos de necesidades, y no únicamente a las fisiológicas, sino también las de seguridad, pertenencia y estima.

Maslow considera todas estas necesidades como esencialmente vitales. Incluso el amor y la estima son necesarios para el mantenimiento de la salud mental y por tanto de la salud en general. ¿Quién lo duda a estas alturas? Todas estas necesidades están arraigadas en nuestros genes, en los de todos los seres humanos, como los instintos. Por eso reciben el nombre de necesidades **instintivas**.

En términos de desarrollo general nos movemos a través de estos niveles como si fueran estadios. De recién nacidos, nuestra necesidad (o casi nuestro completo complejo de necesidades) está en lo fisiológico. Inmediatamente, empezamos a reconocer que necesitamos estar seguros. Poco tiempo después, buscamos atención y afecto. Un poco más tarde, buscamos la autoestima. Y, ¡esto ocurre dentro de los primeros dos años de vida! . Bajo condiciones de estrés, o cuando nuestra supervivencia está amenazada, podemos *regresar* a un nivel de necesidad menor, y no necesariamente de manera consciente.

Antonio acaba de cerrar su empresa. Después de varios años, tantas ilusiones, tanto esfuerzo, el proyecto se había vuelto insostenible. Hasta hace poco él se sentía orgulloso de haber desarrollado ese proyecto (necesidad de autorrealización), era respetado e incluso admirado en ciertos foros (necesidad de reconocimiento). Ahora, sin embargo, lo único que busca es un poco de atención, alguien próximo que le escuche, en cuyo hombro apoyar la cabeza (necesidad de afiliación).

Este retorno a niveles inferiores de necesidades no se limita únicamente a las personas sino que puede afectar a sociedades completas. Así ha sucedido históricamente en momentos de crisis como el actual: una sociedad cómodamente establecida en la opulencia cae de manea abrupta y las personas empiezan a pedir a un nuevo líder que tome las riendas, alguien en quien poner su seguridad y haga las cosas *bien*, que cambie el *status*.

Una buena manera de conocer el nivel de necesidad en que se encuentran las personas sería preguntarles sobre su *filosofía de futuro:* cuál sería su ideal de vida o del mundo. Podríamos así conseguir suficiente información sobre cuáles de sus necesidades están cubiertas y cuáles no.

Algunas de estas necesidades pueden permanecer permanentemente insatisfechas aun cuando la persona se encuentre en un nivel superior. Los problemas significativos a lo largo del desarrollo emocional (por ejemplo, periodos más o menos largos de inseguridad o rabia en la infancia, o la pérdida de un miembro familiar por muerte o divorcio, o rechazo significativo y abuso) suponen que este grupo de necesidades podría quedar *fijado* durante toda la vida. Ésta sería la explicación de Maslow para la neurosis.

Quizás de pequeño pasaste por calamidades. Ahora tienes todo lo que tu corazón necesita; pero te sientes como necesitado obsesivamente por tener dinero y ahorrar constantemente. O quizás tus padres se divorciaron cuando aún eras muy pequeño; ahora tienes una esposa maravillosa, pero constantemente te sientes celoso o crees que te va abandonar a la primera oportunidad porque no eres lo suficientemente bueno *para ella.*

Las necesidades de Auto-realización

El último nivel de necesidades, la cúspide de la pirámide, es sustancialmente diferente al resto. Recibe diferentes nombres tales como *motivación de crecimiento* (opuesto al déficit motivacional), *necesidades de ser*, y *auto-actualización*.

Este conjunto de necesidades no busca su satisfacción para encontrar el equilibrio perdido sino que se manifiesta autónomamente. Una vez logradas continúan haciéndonos sentir su presencia. De hecho, tienden a ser aún más insaciables a medida que las vamos cubriendo. Comprenden aquellos continuos deseos de *ser todo lo que pueda ser*. Es una cuestión de ser el más completo; de estar *auto-actualizado*.

Ésta es la parte más alta de la pirámide porque si queremos llegar a una verdadera auto-realización primero debemos tener satisfechos los otros niveles, al menos hasta un cierto punto. Desde luego, esto tiene sentido: si uno está hambriento puede llegar incluso a arrastrarse para conseguir comida; si está seriamente inseguro tendrá que estar continuamente en guardia; si está aislado y desamparado necesitará primero garantizar su seguridad; si tiene un sentimiento de baja autoestima deberá defenderse de ese estado o bien compensarlo de alguna forma. Cuando las necesidades básicas no están cubiertas, uno no puede dedicarse a desarrollar su potencial.

El hombre de las cavernas de nuestros ejemplos tiene todas sus necesidades cubiertas. Es ahora un miembro respetado de la comunidad, un cazador experimentado a quien los demás miembros del clan admiran como cazador y fabricante de armas. De hecho, ya no se limitan a las puntas de lanzas y flechas. Poco a poco ha comenzado a hacer diseños más elaborados. Y no es porque se los pida la gente. Ha descubierto en la fabricación de las armas una vertiente creativa que le satisface por sí misma. De hecho pasa gran parte de su tiempo libre tallando mástiles de lanzas. Lo hace cada vez mejor y sabe que cuantas más hace, mejor es el resultado final. Acaba de terminar un bordón lleno de motivos vegetales y no puede dejar de mirarlo. Está satisfecho pero, no sabe por qué, ya está pensando en lo que hará la próxima vez: tal vez un dibujo geométrico...

La auto-realización no es otra cosa que la necesidad de la búsqueda de la felicidad. Una vez llegado a este estadio el auto-actualizador siente la necesidad impulsiva de ser feliz mediante la satisfacción de lo que se conocen como meta-necesidades, es decir, la búsqueda de ciertos valores positivos frente a otros que no contribuyen a la auto-realización como, por ejemplo:

Valor	Frente a	Contravalor
Verdad,		deshonestidad
Bondad		maldad
Belleza		vulgaridad o fealdad
Unidad, integridad		arbitrariedad o elecciones forzadas
Perfección		inconsistencia o la accidentalidad
Vitalidad		racionalización de la vida
Singularidad		uniformidad
Realización		ser incompleto
Justicia y orden		injusticia
Simplicidad		complejidad
Riqueza		empobrecimiento en el ámbito personal
Fortaleza		debilidad
Juguetonería		aburrimiento
Autosuficiencia		independencia
Búsqueda de lo significativo		superficialidad

A primera vista, se podría pensar que, obviamente, todos necesitamos esto. Pero, detengámonos un momento: si uno está intentando sobrevivir en un entorno bélico o de depresión económica, o bien si está viviendo en un gueto o en un entorno rural muy pobre, ¿se preocuparía realmente por estas cuestiones o estaría más ocupado en cómo conseguir comida y techo?

La mayoría de las personas no se ocupa demasiado en la defensa cotidiana de estos valores pero, por regla general, se debe a que ni tan siquiera tiene sus necesidades básicas cubiertas. ¿Sería posible, como pensaba Maslow, que los grandes males del mundo procedan de que las personas deban sacrificar la búsqueda de estos valores a favor de la satisfacción de sus necesidades básicas?

Sea como sea, cuando un auto-actualizador no llena estas necesidades, responde con **metapatologías**, una lista de problemas tan larga como la lista anterior. Para resumirlas diríamos que cuando un auto-actualizador es forzado a vivir sin satisfacer estas necesidades, desarrollará depresión, invalidez emocional, disgusto, alienación y hasta un cierto grado de cinismo.

A la vista de lo anterior podemos hacernos una idea de cuán importante es el conocimiento de las necesidades y estados de ánimo de nuestros interlocutores, y de forma especial, de nuestros clientes. La importancia radica en que, al satisfacer estas necesidades, nuestro cliente estará demostrando y utilizando unos *motivos de compra*, que no son otros que aquellos que los correspondientes a la necesidad de satisfacción de una de estas necesidades: seguridad, afecto, bienestar, orgullo, novedad o economía. Si, como comerciales, somos capaces de responder a la necesidad que nuestro cliente necesita satisfacer habremos hecho bien nuestro trabajo y tendremos una probabilidad mayor de cerrar la venta.

F.A.Q. ¿CÓMO ES POSIBLE TENER ESTO PRESENTE EN EL DÍA A DÍA?

Hay una pequeña regla mnemotécnica que nos ayudará a recordar con relativa facilidad el conjunto de necesidades y descubrir cuáles son los motivos de compra de nuestros clientes, y esta regla se concreta en una palabra SABONE formada por la inicial de cada una de las necesidades anteriores:

Seguridad

Afecto

Bienestar

Orgullo

Novedad

Economía

F.A.Q. ¿PERO LAS NECESIDADES BÁSICAS SIGUEN EXISTIENDO EN LOS ESTADIOS SUPERIORES DE LA PIRÁMIDE?

Recordemos que las necesidades se manifiestan siempre en un momento determinado, en unas circunstancias determinadas y de forma intransferible, de modo que, una misma persona, en una misma situación, pero con un ánimo diferente, podrá reaccionar a la compra de diferente manera.

F.A.Q. ¿Un buen comercial no es aquel que crea la necesidad en el cliente de comprar su producto?

*También es necesario recordar, contra lo que muchos vendedores creen, y discuten acaloradamente, que las necesidades **no se crean**. Baste repasar los párrafos anteriores y seguir los trabajos científicos al respecto. Otra cosa muy diferente es que los departamentos de marketing de las empresas, cumpliendo con su obligación, realicen campañas tendentes a hacer aflorar esas necesidades que, de otro modo, quizás no saldrían a la luz, pero esto no puede llamarse creación de necesidades, puesto que sólo intenta conocer y llegar al posible cliente, hacer que afloren esas necesidades, y realizar las acciones necesarias para orientarlas hacia su producto.*

Identificación de los comportamientos personales

Los estados de ánimo, la pertenencia a grupos, familias, lo que alberga la persona en su interior y todo lo anteriormente relatado en el presente capitulo, no basta, sin embargo, para explicar los comportamientos personales de nuestros clientes, especialmente –y esto es lo que ahora nos interesa-, sus comportamientos de compra.

Por supuesto todos los aspectos anteriores y la manera en la que han intervenido en su desarrollo personal influyen y determinan patrones de comportamiento que tienen que ver con lo que se conoce como el *ego* del individuo. En cada uno de nosotros se desarrollan varios tipos de *ego*, pero siempre hay uno dominante, y ése será uno de los siguientes:

Comportamiento de *ego niño*

El *ego niño* se identifica fácilmente cuando nos encontramos ante una persona emprendedora, que ama el riesgo y que en su vida profesional y personal siempre está en constante competición con los demás. Se trata de una persona arriesgada en el aspecto profesional y le gustan aquellas profesiones con vertiente relacional, como las ventas o las relaciones públicas.

Las principales motivaciones de una persona con comportamiento *ego niño* son el dinero, los honores, los títulos o las posesiones, el *figurar*, en una palabra. Por este motivo suelen lucir vestuario de moda, adornarse con joyas o relojes de marca y utilizar colonias de marca también. Su vehículo preferido será de tipo deportivo, rápido y vistoso, como es él.

Un *ego niño* gasta el dinero por encima de sus posibilidades, usando tarjetas de crédito y esperando un golpe de fortuna que le dé más posibilidades de figuración o de gasto. Si no dispone de dinero comprará las mismas cosas pero de imitación o de segunda mano.

Su carácter competitivo le empujará a intentar ser siempre el primero en todo: cuando conduce, cuando hace deporte y, por supuesto, intenta destacar siempre por encima de sus compañeros de trabajo.

En cuanto a las relaciones personales está pendiente de los que le rodean para demostrarles que es un triunfador, que la vida le sonríe, que consigue lo que se propone. A pesar de todo, sin embargo, tiene la habilidad de hacer sentirse confortables a las personas que le rodean. Es amigable y generalmente divertido. Sólo es fiel a su causa de éxito, y no tanto a los que le rodean, tampoco entabla relaciones profundas. La casa le agobia y necesita salir a espectáculos o participar en reuniones, cócteles o eventos sociales diversos. Normalmente está dispuesto a compartir sueños e ilusiones y es muy sensible a los cumplidos.

Como comprador, las motivaciones del *ego niño* son:

- El prestigio.
- La imagen.
- La moda.
- La novedad.
- La marca.
- La tecnología.

Sus decisiones son rápidas y cuando se equivoca le cuesta admitirlo, es muy indisciplinado en cuanto al tiempo y está más orientado hacia la ejecución que hacia la teoría. Siempre tiene prisa y lo demuestra abiertamente. Como comprador es poco fiel, decide de forma emocional y es variable en las decisiones.

Cuando nos encontremos con un ego niño deberemos armarnos de paciencia y deberemos intentar la fijación de las necesidades reales, que se moverán por la imagen y por el prestigio. Un desencadenante de compra puede ser el hacerle sentir que con nuestro producto adquirirá algo único o que muy pocos más van a disfrutar. Dado su carácter variable deberemos fijar (por escrito) siempre los acuerdos y apelar a las decisiones tomadas para evitar que se vuelva atrás en sus compras o compromisos.

Comportamiento de *ego padre*

La persona que sigue un patrón de comportamiento del tipo *ego padre* aprecia las relaciones humanas, la amistad, la afectividad, y le gusta vivir rodeado de sus familiares y de sus animales domésticos. Es el tipo de persona a la que le gustaría tener, o tiene, una casa de campo con jardín, y además la disfruta; es amante de la naturaleza y busca la tranquilidad y el confort.

En el aspecto profesional, el *ego padre* no puede trabajar con personas que no le gustan y con las que trabaja tiende a formar camarillas en las que protege y defiende a los suyos, si bien suele controlar de cerca a sus colaboradores. Necesita utilizar procedimientos y sopesar alternativas para tomar una decisión. Suele evitar las innovaciones y las nuevas tecnologías. Acepta nuevas ideas solo después de haber evaluado el resultado práctico final, y antes de tomar una decisión la medita detenidamente si bien, una vez tomada, es muy difícil de cambiar. Trabaja sobre presupuestos y es minucioso y preciso en todas sus actividades.

En cuanto a su estilo en el vestir, es práctico y confortable, clásico pero elegante. Suele gustar de colores neutros, sin estridencia. Utiliza ropa y zapatos resistentes y de garantía. Su vehículo será de tipo familiar, posiblemente diesel, seguro y pensado no sólo para él sino para toda la familia. Le suele gustar coleccionar, jugar al ajedrez o la natación. En su despacho podremos ver fotos familiares y cuadros de calidad.

En las relaciones con los demás se le percibe como una persona restringida y lógica y necesita ayudar o que le ayuden; aprecian las relaciones humanas. Es tranquilo, modesto, toma pocas iniciativas sociales y muestra poca emoción cuando trata con los demás. Su círculo familiar es lo más importante para él.

Como comprador, sus principales motivos serán:

- La calidad.
- La garantía.
- El servicio posventa.
- El precio.
- El ahorro.
- La amistad y la confianza.
- La comodidad.
- Que el producto no tenga complicaciones de uso ni posteriores.

Generalmente lo encontraremos en una etapa de madurez, con un perfil conservador.

F.A.Q. ¿CUÁL ES LA MEJOR ESTRATEGIA A SEGUIR CON UN EGO PADRE?

Cuando tengamos frente a nosotros un posible cliente con el perfil de ego padre deberemos orientar la venta hacia la calidad, la garantía, el bienestar y la facilidad de uso, haciéndole ver lo útil que será ese producto para él y su familia (si la tuviera), recalcando los aspectos de seguridad y tranquilidad. No deberemos hablarle de colores o combinaciones de ellos, sino de prestaciones, relación calidad-precio y garantías. Ojo a las preguntas que realiza y a la forma en que las contestamos, pues puede bloquearse si es tratado de forma burda o poco amable.

Hay que remarcar aquí que todas las personas tienen un comportamiento que es mezcla de los dos anteriores; es decir, nadie es totalmente *ego niño* o *ego padre*, sino que tiene un porcentaje superior de alguno de ellos, formando esta mezcla el comportamiento dominante.

Es importante abandonar cualquier posible prejuicio moral al respecto porque tener un comportamiento ego niño, ego padre, o cualquier otro, no es bueno ni malo: simplemente *es lo que es*. Todos y cada uno de nosotros, seamos vendedores o seamos clientes, tenemos un poco de todo ello.

Existen, además, otros dos comportamientos que actúan como reguladores o calificadores de los otros dos; el *ego tensión* y el *ego adulto*.

Comportamiento de *ego tensión*

La tensión es un modificador tanto del *ego niño* como del *ego padre*. Por decirlo de alguna manera el ego tiende hacia uno de los modelos, pero algunos condicionamientos personales como complejos, traumas o debilidad de carácter hacen que tan pronto se retraigan como tengan un comportamiento que responde de manera exagerada al arquetipo.

Las personas con comportamiento dominante *ego tensión* tienen el convencimiento de no poder actuar en la vida sin sentirse superiores a los demás, o bien se sienten rechazados por la sociedad. Se trata de una ambigüedad en función del sujeto que igual puede sentirse culpable que salvador del mundo, ser dominadores o sentirse dominados, estar obsesionados por el poder o darles miedo el mismo, se opone a los demás por sistema o los complace en todo.

La tensión hace que tengan relaciones apasionadas con la familia y los amigos, suelen ser poco indulgentes, piensan más en la manipulación que en la necesidad y suelen estar de mal humor. Generalmente están a la defensiva y son recelosos y desconfiados.

Un ejemplo de *ego niño* con vertiente tensión lo encontramos en aquellos que visten de forma moderna y vistosa pero de manera exagerada o a destiempo y fuera de lugar. No sería extraño que llevaran el aparato de radio del coche a todo volumen, o los pelos con crestas y pintados de colores. Tratan de decir a los demás el camino que deben seguir sin tener en cuenta su opinión y son de trato cambiante.

Un ejemplo de comportamiento *ego padre* con tensión es el de aquellas personas que siempre se dejan llevar por los demás o, por el contrario, pretenden dominarlos. Estará de acuerdo con los demás por no enfrentarse a ellos y prefieren aislarse. Será considerado como el típico individuo patriarcal y paternalista.

F.A.Q. ¿DE QUÉ MANERA PUEDO ENFRENTAR UN EGO TENSIÓN?

Con un cliente tensionado será difícil fijar las necesidades, tanto por exceso como por defecto, y será conveniente llevar siempre los acuerdos por escrito, si bien esto no será garantía de nada.

Comportamiento de *ego adulto*

El *ego adulto* es el regulador que permite adaptar los comportamientos de *ego niño* y *ego padre* al entorno, en función de la tensión existente en el mismo.

Su comportamiento será el de una persona equilibrada, objetiva, de trato justo y razonable, que inspira confianza en los que le rodean y que lo que dice se corresponde claramente con lo que piensa. Los análisis que realiza no sufren variaciones en función de sus motivaciones. Tienen relación con todo el mundo y su estrategia consiste más en la comprensión que en la imposición. Son personas sinceras y tolerantes a las que les interesan las actividades creativas y no les importa trabajar en empresas con fines no lucrativos, O.N.G., acciones sociales, etc.

F.A.Q. ¿CÓMO TRABAJAR CON UN EGO ADULTO?

Como comprador es el más fácil que podemos encontrar... siempre que descubramos su verdadera necesidad. Contaremos, sin embargo, para ello, con su ayuda. Si conseguimos satisfacer su necesidad con corrección y eficiencia tendremos un cliente agradecido y fiel.

Este primer capítulo, en definitiva, se resume en lo siguiente:

"Las personas nos movemos por lo que somos y por como nos encontramos".

"La conducta de las personas viene determinada por su situación y por sus carencias".

"Las personas tienen necesidades que quieren satisfacer de la mejor forma posible".

"Necesitamos conocer el comportamiento de compra de los clientes, así como sus motivaciones, para orientarlos y ayudarlos a decidir hacia nuestro producto o servicio".

CAPÍTULO 2
Comprar no es sólo comprar

De regreso a su oficina Marcos no deja de darle vueltas al caso de la empresa BBB. Hay varias cosas que no le cuadran. El jefe de compras de BBB no ha parecido mostrar ningún interés en las características técnicas ni en la versatilidad del producto para sus procesos de producción, de los que Marcos se ha informado previamente. Su cerrazón hacia los temas que hacen valioso estos abrasivos ha sido total pero, además, ni tan siquiera ha ofrecido más información ni ha querido entrar a valorar las ventajosas condiciones con las que Marcos pretende pasar a ser uno de sus proveedores. Únicamente parece interesado en tomar la oferta para armar el informe comparativo. Preocupado, llama a un amigo que hace años trabajó en esa empresa y éste le dice que ésa es su forma habitual de trabajar y que, seguramente, ahora pasará el informe a quien realmente tomará la decisión. Marcos no comprende nada. ¿Con quién debería haber hablado, entonces? ¿Su interlocutor no debería ser siempre el que figura como jefe de compras?

El proceso de compra

Ahora ya sabemos que las compras se realizan para satisfacer necesidades concretas. Estas necesidades están en el origen de toda acción de compra. Por mucho que se empeñen algunos, no es posible hacer que alguien compre un producto o servicio que no satisfaga algún tipo de necesidad interna, consciente o inconsciente.

Por supuesto es posible sacarle el dinero a alguien a cambio de algún producto o servicio. Los manuales de los estafadores están llenos de métodos para llevar al cliente hasta el agotamiento psicológico, la confusión o incluso el temor y, entonces rematar la faena dándoles a firmar un papel lleno de letra minúscula en el que venden su alma al diablo. Todos hemos conocido empresas así, para quienes tanto los comerciales como los clientes son material fungible pero aunque esta forma de actuar fuera legal, no es ética y, sobre todo *no es inteligente*. En definitiva, no es venta.

Porque para que se desencadene el acto de la compra *real* de un producto o servicio, aquél que propicia la venta, han de darse toda una serie de acciones y procesos que llamamos el ***Proceso de compra***.

La forma de llevar los productos a los consumidores ha ido cambiando a lo largo del tiempo en función de la disponibilidad de los mismos. Si nos ceñimos a lo que le ha sucedido al mundo después de la segunda revolución industrial y especialmente en el siglo XX veremos que estos cambios se han acelerado hasta ser lo que son actualmente pero, sobre todo, veremos que existen razones para que estos cambios se hayan producido.

En los momentos de desabastecimiento general de los mercados, cuando encontrar productos fue difícil para la mayor parte de la población, los fabricantes pusieron a disposición de los usuarios aquellos productos que mejor sabían hacer, o que incluso eran invitados a fabricar por los respectivos gobiernos. Así sucedió, por ejemplo, después de las guerras mundiales, cuando no había ninguna razón por la que un producto tuviera que ser diferente a otro de la competencia porque ésta prácticamente no existía, ni tampoco había motivo para que los fabricantes hicieran algo diferente a lo que estaban haciendo, puesto que se consumía prácticamente todo lo que se fabricaba y las fábricas tenían pedidos por encima de su capacidad de producción.

De lo anterior tenemos muchos ejemplos; el Ford T, el Voslkwagen escarabajo, el seiscientos, los azulejos de 20x20 blancos, azules o amarillos, el jabón en pastilla para lavar la ropa, y tantos etcéteras.

Pero el mercado evolucionó. Las crisis pasaron y la población poco a poco fue incrementando su nivel adquisitivo hasta que pudo comenzar a desprenderse de algún sobrante de dinero. Es decir, comenzaron a tener cubiertas las necesidades de los niveles inferiores de la pirámide de necesidades que vimos en el capítulo anterior.

Y algunos fabricantes se dieron cuenta de que podían incrementar su margen de beneficios si ofrecían variantes de los productos *básicos*, variantes por cuya diferencia el consumidor estuviera dispuesto a pagar algo más y, por tanto, darle a ganar más dinero. En este momento, cuando comienza a haber una posibilidad de elección real, los productos comienzan a diferenciarse en gamas, es decir: aparecen tanto el producto para quien sólo quiere lo básico como los productos que ofrecen ese *algo más* para aquellos que pueden pagarlo.

¿Quién iba a hacer llegar estos productos al consumidor? ¿Quién podía dar a conocer a los que querían gastar su dinero que había otro tipo de productos, además de los básicos?

Surgen entonces los viajantes de comercio que recorren las ciudades cargados con sus maletas, generalmente en medios de transporte público, proponiendo sus productos de modo que el público pudiera hacer su elección de forma favorable a sus intereses. También aparecen las delegaciones o las representaciones zonales, y los anuncios de producto en radio, prensa escrita o la incipiente televisión.

El mercado se llena de gran variedad de marcas y productos: vehículos, electrodomésticos, detergentes, comida, ropa, etc. Las gamas de productos no eran excesivamente amplias pero ya permitían que el consumidor pudiera elegir según su necesidad de bienestar o de búsqueda de status.

El papel del vendedor en este proceso de compra estaba claro, puesto que por medio de sus buenas artes trataba de ayudar al consumidor a decidir su compra hacia los productos de la empresa a la que representaba.

En aquel momento el mercado aún orbitaba en torno a la producción: había que producir más y mejor, incluso a veces sin pensar exactamente en qué era lo que había que producir. En la actualidad, sin embargo, y desde hace ya bastantes décadas, existe una infinidad de productos de cualquier clase de tal modo que se suele decir que ahora la oferta es superior a la demanda.

Hoy se estudia qué es lo que va a demandar el consumidor antes de fabricar los productos, y esto significa que se ha pasado de un enfoque inicial basado en la producción a un enfoque basado en el marketing, en el cual el cliente es el *rey* del mercado y lo fundamental es conocer cuáles son las necesidades actuales o futuras de los consumidores para desarrollar los productos que mejor puedan satisfacerlas.

En este contexto la figura del vendedor sigue siendo primordial puesto que ya no sólo hace llegar al cliente las características de sus productos, sea a través de su propia acción directa o por medio de intermediaciones físicas, publicitarias o informáticas, sino que además es el informador de primera mano de los gustos de los clientes usuarios hacia la empresa.

> *EL VENDEDOR TAMBIÉN ES, POR TANTO, LA VÍA MÁS DIRECTA PARA CONOCER LAS PREFERENCIAS DE LOS CLIENTES.*

Esto es tanto más fundamental para las empresas actuales cuanto que los mercados han cambiado su forma de comprar. El proceso de la compra actualmente se ve condicionado por la ingente cantidad de productos entre los que el cliente puede escoger y por las diferentes maneras de obtener información acerca de ellos. Esto implica que el consumidor-usuario tiene cada vez más a su alcance productos distintos con los que poder satisfacer sus necesidades y que la manifestación de éstas es cada vez más variable, puesto que está en relación con una percepción *social* del bienestar individual y colectivo que siempre está cambiando.

Es en este aspecto, el de conocer cómo se comportan los consumidores a la hora de realizar el acto de la compra, y para ello hay que profundizar en varios aspectos que definen el proceso de compra:

- Los tipos de comportamiento a la hora de comprar.
- Los roles de compra.
- Las fases del proceso de decisión de compra.

Tipos de comportamiento en el acto de compra

Por regla general podemos considerar que hay tres tipo de compra diferente o, mejor dicho, tres tipos de comportamiento diferentes propios del acto de compra. Estos tipos marcan el estilo en que se realiza la acción de compra, el *contexto* en el que se desarrollará. A su vez el tipo de producto o servicio que se vaya a comprar condicionará en gran medida este contexto.

Así, podemos distinguir tres grandes tipos:

La compra racional

Se realiza generalmente con productos y servicios de alto valor, o que van a permanecer durante mucho tiempo con el o los usuarios. Se trata de una compra en la que intervendrá un análisis más o menos exhaustivo de las características del producto o servicio, y en cuya decisión intervendrán más de un factor desencadenante.

Un tipo de compra racional por excelencia es el que se da en entornos industriales, en la adquisición de grandes bienes o servicios o en la construcción. En todos estos casos los informes comparativos del cliente contemplan (o deberían contemplar) numerosos parámetros, no sólo económicos sino también técnicos.

La compra sugerida

Tiene lugar cuando en una decisión de compra interviene algún o algunos influenciadores, que lleve a cabo la prescripción de compra. Esta prescripción o sugerencia puede tener lugar tanto en el ámbito de una compra de alto valor como en las compras menores.

Por ejemplo, en el caso de la construcción, un estudio de arquitectura, en su proyecto, recomendará grifos de tal o cual marca, y ésta será la primera opción de la constructora, pero si no se trata de elementos realmente significativos la prescripción perderá peso específico a favor de otros factores. En el caso de una compra en una gran superficie la acción de prescripción puede llevarla a cabo el promotor que ofrece una degustación, o nos pulveriza un poco de perfume en la muñeca. Sin embargo no hay que olvidar que la prescripción no sólo la realizan las personas sino que también puede ser llevada a cabo indirectamente a través de la publicidad.

La compra por impulso

Se lleva a cabo por lo general con productos de poco valor y de gran consumo, aunque también puede darse cuando el comprador pasa por periodos de disfunción mental, como pueda ser el caso de una depresión, si bien no es este el caso en el que queremos poner el énfasis. Podrá ser sugerida o influenciada por medio de la publicidad, a través del recuerdo de una marca o producto.

Es un tipo de compra impredecible para el propio consumidor hasta el punto que suele ser decidida en un instante, habitualmente al final de otros procesos de compra.

Hasta tal punto es un tipo de compra habitual que existe el llamado *canal impulso*, que es un canal orientado a la venta de productos cuya compra se realiza por impulso. No es casualidad que cuando llevemos nuestro carro a la caja del supermercado pasemos junto a expositores de chucherías, pilas o tarjetas de ONG, por poner sólo unos ejemplos.

Los roles de compra

Pensar que la compra es un acto simple o único es un error muy frecuente, especialmente, pero no sólo, en los comerciales neófitos. En realidad la compra es un proceso complejo en el que pueden intervenir distintos individuos, a veces de forma inconsciente.

No todos los participantes juegan el mismo papel sino que, como en una obra de teatro, intervienen o dejan de intervenir según el estado en que se encuentra el proceso. A veces lo hacen todos juntos, *hablando* a la vez y a los comerciales no nos resulta fácil identificarlos pero lo que debemos tener claro es que todos los que intervengan asumirán, como mínimo, uno de los roles de compra que vamos a describir.

Así pues los roles de compra son aquellas posiciones o *papeles* que asumen los individuos dentro de un mismo proceso de compra, pudiendo distinguir entre cinco roles básicos.

Si de algún lugar tiene que partir el proceso de compra ése es el iniciador. Es quien primero sugiere la idea de la compra, aquél que, generalmente, siente el primero la necesidad propia o compartida. Podríamos hablar del ama de casa que necesita una lavadora, del niño que quiere un determinado juguete, el padre que busca un transporte para la familia, o una empresa que se interesa en un contrato de suministros que ayudará a mejorar la producción. A veces, sin embargo, el iniciador también puede serlo sin ser consciente de ello.

Pedro y Ana van a tener un bebé el próximo otoño. Están acondicionando una habitación en su casa, un adosado a las afueras de una ciudad mediterránea. Alguien les ha dicho que la temperatura ideal para el bebé estaría entre 23º y 25º pero la casa no tiene calefacción. Hasta ahora se han arreglado con un convector portátil que solían llevar consigo cuando sentían frío, pero ahora las cosas son diferentes…

Estos roles o *papeles*, además, no son exclusivos de un solo individuo, sino que cada persona podrá interpretarlos en función de la compra a realizar y del momento o la necesidad a satisfacer. En el caso anterior hay un iniciador inconsciente, el bebé que ha de nacer, y dos iniciadores conscientes que comienzan el proceso de compra.

El influenciador

Es aquél que, ante una idea de compra de otro, puede aconsejar o sugerir un producto o servicio que conoce o del que le han hablado. Aquí entraríamos a considerar, según los ejemplos anteriores, a los vecinos y familiares que aconsejan una marca determinada de lavadora, el compañero de trabajo que aconseja sobre una marca o modelo de coche, la publicidad que *propone* el juguete que todos tendrán la próxima temporada o los responsables técnicos y de producción que valoran las características de las diferentes máquinas. Su capacidad de influencia depende tanto de ellos mismos como de la propia necesidad del cliente de tomar decisiones de compra con seguridad.

Todos los días, al regresar del trabajo, Pedro y Ana hablan del tema. Ponen en común lo que les han dicho unos y otros, estudian los folletos, navegan por internet y prestan atención cada vez que por la televisión anuncian las ventajas de tal o cual sistema. Parece que todos ellos tienen sus pros y sus contras: los costes de consumo, las dificultades para la instalación, el control de la temperatura, la financiación. No podían imaginar que la cosa fuera tan complicada. Sus amigos y familiares, además, parece que se sienten obligados a dar su parecer y no hay conversación en la que no les cuenten sus experiencias con los diferentes sistemas. Pedro y Ana están ya al límite de sus fuerzas y siguen sin saber qué opción escoger.

El decisor

Como su nombre indica, es quien decide la realización de la compra. Generalmente es quien la pagará, o quien dará la orden de que se pague, y seguramente realizará un estudio sobre la viabilidad de la compra antes de hacerla. Los decisores de los ejemplos anteriores serán respectivamente: la persona que dirá "ésta es la lavadora (o el coche) que podemos permitirnos", el tío que decide regalarle una consola de videojuegos a su sobrino favorito, o el director de una empresa que finalmente opte por comprar una determinada maquina productiva.

Hace ya unos días que Ana se cansó de tanto mirar y dejó en manos de Pedro el asunto, pero Pedro no está seguro. Debería tomar la decisión ya puesto que algunos sistemas requieren hacer obras y eso implica tiempo. Un tiempo que se les está agotando. Finalmente, una tarde, se decide a hacer un comparativo de todos los sistemas y después de un par de horas sale del estudio muy ufano con un papel entre sus manos y con expresión de gritar "¡Eureka!". Se acerca a Ana y le dice: "éste es el sistema que vamos a instalar". Ella lo mira con detenimiento y replica: "no, porque mi tío José Luis se lo instaló en el chalet y tuvo un montón de problemas". Pedro mira de nuevo su papel y sugiere con voz de circunstancias: "pues entonces éste otro", a lo que ella asiente diciendo "Bueno, si tu lo has decidido, entonces adelante".

Y es que está claro quién toma las decisiones en casa de Pedro.

El comprador

No siempre quien va a comprar es quien toma la decisión. En ocasiones sucede que la persona que compra lo hace por delegación del decisor y en estos casos, generalmente, no dispone de la información previa que ha llevado a la decisión de compra. Así, en el entorno industrial es habitual encontrarse con los departamentos de compras, a cuyos responsables suelen preocupar únicamente los parámetros de la transacción, pero no la naturaleza misma del producto o servicio que se adquiere. Por seguir con los ejemplos anteriores diríamos que los compradores podrían ser: el padre de familia que acude a la tienda de electrodomésticos a por la lavadora, el abuelo que acompaña a su nieto a comprar la consola, o el jefe de compras a quien le encomendaron pedir ofertas a varios proveedores y negociar precios y plazos de entrega.

Suena el timbre de la casa. Al abrir la puerta se presenta sonriente un comercial. El propietario de la vivienda llamó hace un par de días a su empresa para que alguien le atendiera y como estaba en su zona le ha correspondido a él hacer la visita e intentar cerrar la venta. Al otro lado un hombre mayor, de pelo y barba entrecanos, mira con aire adusto. El comercial pregunta por Pedro o por Ana y el hombre mayor responde "no están. Mi nuera ha tenido que salir al médico y a mi hijo, que tenía que estar aquí, le han puesto una reunión de urgencia a la que no podía faltar, pero me han pedido que hable yo contigo…". Un poco desconcertado el comercial entra en la vivienda mientras el hombre mayor se sonríe. Antes de jubilarse trabajó en el departamento de administración de una empresa transportista y cree que sabe bien el terreno que pisa. Está decidido a conseguir la instalación a un precio que dejará boquiabiertos a su hijo y a su nuera.

El consumidor/usuario

Éste es el más importante de todos los roles. Como resulta evidente este rol corresponde a la persona que usa o utiliza el producto o servicio adquirido. En una definición *profesional* podríamos decir que el consumidor/usuario será aquel que *destruye* el producto a través de su uso. Como los anteriores es un rol que puede ser desempeñado por las mismas personas que en fases anteriores han desempeñado otros roles pero, además, no tiene por qué ser un rol unipersonal sino que el consumidor/usuario puede ser un colectivo de personas. Por acabar con los ejemplos diríamos que el responsable de la colada estará encantado con su nueva lavadora si le facilita el trabajo, el niño y su padre que pasarán horas delante del televisor con un juego de fútbol, o por último los operarios y el jefe de producción que verán aumentar la productividad de la línea un 20%.

Han pasado seis meses. El invierno llegó y Pedro y Ana tienen en marcha su nuevo sistema de calefacción. Están pasando calor en el salón. Mucho calor. En su momento no cayeron en la cuenta de que la habitación del bebé mira al norte, mientras que el salón recibe luz solar directa durante todo el día. De manera que ahora, para que la habitación del bebé mantenga la temperatura de confort todo el sistema debe estar en marcha incluso en aquellos lugares donde no hace falta. Ahora ya saben que existe una opción de reguladores termostáticos independientes en cada una de las habitaciones. Costaba un poco más, pero habría valido la pena. Sólo habría hecho falta escuchar al comercial y dejarse asesorar. De pronto los abuelos llegan de visita y nada más cruzar la puerta el abuelo se quita el abrigo y con aire satisfecho exclama "¡Esto sí que es calefacción!... ¡y se la saqué al comercial por un precio irrisorio!". Pedro coge amablemente a Ana de los hombros y se la lleva hacia adentro de la casa. Sólo él se ha dado cuenta de la expresión furibunda de sus ojos y sabe que ha faltado poco para que se produjera una tragedia familiar.

F.A.Q. ¿Entonces, quién es realmente mi cliente?

Todos ellos lo son. Debemos notar que cada persona puede desempeñar cualquier rol o varios de ellos en un momento determinado.
La gran importancia que supone el conocimiento de los roles de compra viene dada, precisamente, por el hecho de que para cada uno de ellos debemos realizar acciones diferentes para predisponer la compra hacia nuestro producto. Así, por ejemplo:

Con el iniciador pondremos a su disposición las diferentes variantes de producto que puedan satisfacer sus necesidades.

En el caso del Influenciador, ofreceremos las diferentes experiencias vividas o percibidas por nosotros o por otras personas.

Al decisor le pondremos el máximo de información relevante a su disposición y argumentaremos las características y ventajas de nuestro producto/servicio.

Para el comprador tendremos que prever las máximas facilidades para realizar la compra.

En el caso del usuario le daremos las instrucciones y manuales que le ayuden a realizar un uso correcto del producto o servicio, entendiendo como tal uso aquel con el que satisfará sus necesidades.

F.A.Q. ¿Y SI TODOS LOS ROLES LOS DESEMPEÑA LA MISMA PERSONA?

En ese caso lo que deberemos saber es qué rol desempeña en cada momento. Habitualmente el proceso de compra es bastante lineal, y que los roles correspondan a la fase del proceso en la que nos encontramos, de manera que es probable que el comprador pase sucesivamente de desempeñar un rol a desempeñar el siguiente, en el orden en el que están expuestos pero es posible que se produzcan cambios de rol hacia atrás y adelante. Pero esto no es un buen indicador ya que si esto sucede se debe a que, como comerciales, no hicimos todo lo correcto en la fase anterior.

Fases de proceso de decisión de compra

Como ya hemos visto la compra nunca es un acto puntual sino que es un proceso que evoluciona. Una vez aparecido el deseo de realizar la compra o, lo que es lo mismo, el deseo de satisfacer una necesidad, el comprador atraviesa diferentes fases en su proceso de decisión, fases que no siempre son conscientes, pero que existen.

Ni tan siquiera la compra por impulso es un acto puntual, sino que en ella las fases se suceden con extraordinaria rapidez.

Sentimiento del problema o necesidad

En esta fase el individuo se da cuenta de que tiene una carencia o necesidad y siente el deseo de satisfacerla, con mayor o menor grado de urgencia. Debemos comer, vestir, desplazarnos, o disfrutar de nuestro tiempo de ocio, o cumplir con nuestro trabajo. Son necesidades motoras o desencadenantes de nuestra futura decisión de compra.

La necesidad puede aflorar por estímulos internos o externos. Si nuestro estómago *ruge* y sentimos hambre el estímulo que hace aflorar la necesidad será, lógicamente, interno, pero también será interno el estímulo si somos el jefe de obra de una promoción de adosados y debemos comprar los sanitarios, porque forma parte de nuestro trabajo.

Si pensamos en estímulos externos todos pensamos, obviamente, en la publicidad, que es capaz de hacer aflorar necesidades que ni tan siquiera sabíamos que teníamos. Sin embargo no hay que olvidar que las propias relaciones sociales son una gran fuente de estímulos externos como queda demostrado en las famosas *guerras de cortadores de césped* que se dan en algunos suburbios de los EE.UU. donde cada uno pugna por disponer de una cortadora de césped más grande y más potente que la de su vecino aun cuando la superficie a segar con ella sea ridícula.

Es evidente, pues, que el sentimiento del problema o necesidad no va aparejado al reconocimiento de cuál es la verdadera necesidad. En el caso anterior a buen seguro, no tiene nada que ver con el ritmo de crecimiento ni la extensión de la hierba. La labor del buen comercial será la de reconocer qué necesidad real se esconde detrás de ese sentimiento de problema o necesidad. En el caso anterior nos encontraríamos ante necesidades de índole de **orgullo**, y no de índole de **bienestar** que implicaría tener la hierba cortada a una medida concreta, o emplear poco tiempo en segar toda la superficie.

Búsqueda de información

Los dos factores que, sin duda, van unidos son este sentimiento de necesidad y el deseo de satisfacerla y, con él, una necesidad de encontrar la información que le permita hacerlo de la mejor manera posible.

El futuro comprador buscará información al respecto de los productos o servicios que podrían satisfacer su necesidad y lo hará con los medios que tenga a su disposición en cada caso, y según sea el tipo de compra.

En la compra por impulso, por ejemplo, esta búsqueda de información se produce de manera inconsciente al pasar nuestros ojos una y otra vez por las estanterías llenas de golosinas de brillantes colores que prometen un sabor delicioso. Generalmente no sabemos por qué alargamos la mano para tomar una determinada bolsita, pero nuestro subconsciente trabaja en casar nuestro deseo con los colores que vemos.

Las fuentes donde poder buscar esa información son de varios tipos:

- Fuentes personales: familia, amigos, vecinos, conocidos.
- Fuentes públicas: medios de comunicación, organismos, colegios de profesionales.

- Fuentes comerciales: vendedores, detallistas, grandes almacenes, televisión.
- La propia experiencia de manejo o examen de adquisiciones anteriores.
- Y, por supuesto, internet, , el rey actual de la información.

Una de las razones por las cuales Internet ha ganado y seguirá ganando peso específico en el global de las transacciones comerciales es precisamente porque tanto la obtención de la información como la acción de compra se encuentran dentro del mismo canal.

Evidentemente en Internet existe el peligro de la sobreinformación, que conduciría a la desorientación del comprador. Una de las maneras más eficaces de luchar contra este peligro son las redes sociales, porque permite la retroalimentación de experiencias entre consumidores. Por esta razón gran parte de las marcas vuelcan buena parte de sus esfuerzos en la promoción de estas vías.

Evaluación de alternativas

Una vez conseguida la información que será necesaria para tomar una decisión el consumidor pasa a la evaluación de las alternativas que se le presentan. Este punto no tendría gran relevancia si los motivos de compra fueran siempre los mismos para todos los consumidores, puesto que la manera de llevar a cabo la evaluación sería siempre la misma.

Sin embargo ya sabemos que cada uno de los consumidores, cuando compra, está buscando satisfacer una necesidad diferente, según el grado en que tenga cubiertas las necesidades del nivel inferior de la pirámide de Maslow. Esta necesidad determina un motivo de compra diferente (recordemos la palabra *SABONE*: **S**eguridad, **A**fecto, **B**ienestar, **O**rgullo, **N**ovedad y **E**conomía) lo que lleva a considerar como importantes diferentes aspectos del producto y lo que lo *envuelve*.

En función de estos atributos el consumidor toma su propia decisión de compra. De manera inconsciente, por regla general, el consumidor pondera, según su propia escala de valores, las cualidades que le parecen importantes.

A todos nos son familiares razonamientos de este tipo cuando llevamos a cabo una compra: *El producto A es más nuevo que B, pero B es más barato, aunque A parece que durará más. Sin embargo B encaja mejor con lo que ya tengo. Es verdad que A es más grande que B, pero quizá sea demasiado grande, aunque B…*

El razonamiento anterior pondera diferentes aspectos de las opciones de compra en función de lo que el consumidor considera más relevante y visto así no parece un proceso difícil de predecir, sin embargo pensemos detenidamente cuántos actos de compra llevamos a cabo cada día, y en cuántos de ellos somos conscientes de razonar de esta manera. Si lo hacemos bien veremos que menos de un 10% son evaluaciones conscientes mientras que en el resto de actos de compra es nuestro subconsciente el que actúa cuando alargamos la mano hacia un producto cualquiera en un supermercado.

Decisión de compra

Cuando alargamos la mano para tomar un producto de una estantería ya hemos llevado a cabo la evaluación, aunque sea de manera inconsciente, y estamos en disposición de tomar una decisión de compra. Lo mismo sucede cuando seleccionamos un cierto producto de un proveedor en nuestra empresa.

Esta decisión está fuertemente condicionada por la presencia del vendedor junto al comprador, reforzando su propuesta. Cuanto más próxima sea la presencia del vendedor tanto mayor serán las probabilidades de que la decisión de compra se decante de su lado. El vendedor debe de hacer lo posible por estar con el comprador cuando tome su decisión.

Sin embargo pensemos en una compra en una gran superficie, en la que nuestro carro está lleno por treinta artículos diferentes. ¿Hemos tenido a treinta vendedores diferentes junto a nosotros cada vez que hemos cogido uno de los artículos? Pensemos también en una compra racional de una inversión importante o la que se lleva a cabo en una empresa para comprar bienes de equipo. ¿En cuántas de esas ventas tiene la oportunidad el vendedor de estar presente en el momento de la decisión?

Si hemos pensado que en ninguna nos hemos equivocado. La respuesta correcta es que en todas ellas no sólo *puede* estar, sino que *debe* estar.

Cuando la presencia física no es posible en el momento de la decisión de compra del consumidor, los vendedores debemos hacernos presentes de manera indirecta, *en espíritu*, a través del material que el comprador utiliza para evaluar sus alternativas: folletos informativos, catálogos comerciales, una oferta bien estructurada, o la presencia misma de la marca en, por ejemplo, el supermercado. También será importante contar con un defensor de nuestra oferta en esa decisión.

De ahí la importancia de saber, de antemano, cuál es el perfil de nuestro cliente tipo, nuestro *público objetivo*, para saber cuáles son sus motivaciones de compra y hacer que nuestro material comercial responda a esas motivaciones. Dado que es prácticamente imposible que un folleto, por ejemplo, ofrezca al mismo tiempo una imagen de prestigio y de economía, de novedad y seguridad, deberemos saber primero qué es lo que valorará nuestro consumidor tipo para podérselo ofrecer en mayor medida (no olvidemos que todas las motivaciones serán ponderadas en su justa medida) en el momento de la decisión.

<u>Comportamiento post-compra</u>

Cuando el comprador ha realizado la compra todavía queda una fase que, de no culminarse correctamente, puede dar al traste con la venta. A esta fase se la conoce como post-compra y en ella el comprador debe poder sentir que ha satisfecho su necesidad con el producto o servicio comprado y, lo que es tanto o más importante, que el comprador pueda *justificar la compra* frente a otros y frente a sí mismo.

En esta fase se dan tres tipos de comportamiento que deberíamos tener en cuenta:

- **Satisfacción post-compra**: el cliente tendrá una sensación mayor de satisfacción cuanto mayor sea el grado de cumplimiento de sus expectativas. Si el producto *hace* lo que esperaba el cliente, estará satisfecho; si *hace* más de lo que esperaba, el cliente estará muy satisfecho; pero si el producto no *hace* lo que esperaba, el cliente se sentirá decepcionado.

- **Acciones post-compra**: el cliente actuará en función de ese sentimiento de satisfacción y tendrá comportamientos que influirán en nuestras ventas futuras. Si el cliente está satisfecho hablará bien de nosotros a otros potenciales consumidores y, al contrario, si se siente decepcionado lo transmitirá con más énfasis. En este punto hay que hacer constar que un cliente satisfecho suele transmitir su sentimiento a otras *tres* personas mientras que un cliente insatisfecho lo hará con, al menos, a otros *siete* posibles clientes.

- **Utilización post-compra**: el comprador utilizará nuestro producto de una manera concreta, que podrá influir a su vez en su propia satisfacción. Por este motivo es necesario investigar la forma en la que el cliente utiliza el producto o servicio, de modo que en el futuro se le puedan ofrecer a él o a otros compradores prestaciones adicionales o informaciones específicas para un mejor o más fácil uso. No es sólo cuestión de ergonomía: es cuestión de vender más.

A esto es a lo que deberían dedicarse realmente los departamentos post-venta de las empresas. Sin embargo en muchas ocasiones se limitan a gestionar las quejas de los consumidores o, en el caso de compañías de servicios, a intentar retenerlos con ofertas mejores. El servicio post-venta es una fuente inagotable de información, una retroalimentación para los departamentos de marketing y ventas que pueden permitir el descubrimiento de numerosos aspectos de mejora por un coste ínfimo.

Sí. La compra es un proceso complejo, pero que, como ya hemos dicho, tiene lugar en la mayor parte de los casos de manera inconsciente. Aun siendo así es posible controlar hasta cierto punto las variables que intervienen en el proceso. Ésa y no otra es la razón de ser del marketing: averiguar cuáles son las necesidades del consumidor para, teniendo en cuenta sus condicionantes propios y los del entorno en el que se mueve, fabricar y poner a su disposición los productos y servicios que demanda o demandará. En el siguiente esquema se puede apreciar con claridad.

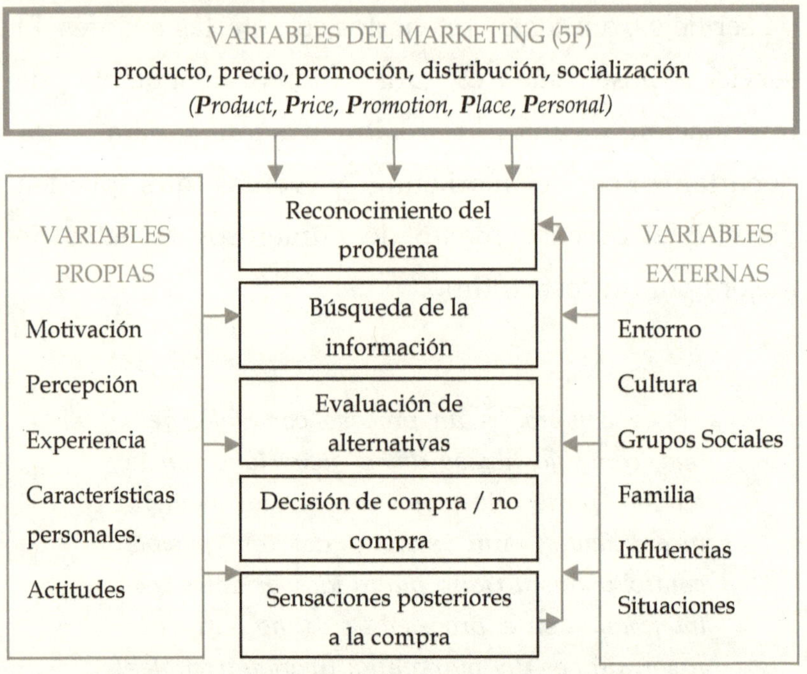

Lo que no debemos olvidar de este segundo capitulo es:

"LA OFERTA ES SUPERIOR A LA DEMANDA".

"LOS VENDEDORES SON LOS QUE MEJOR CONOCEN LOS GUSTOS Y LAS NECESIDADES DE LOS CLIENTES".

"EXISTEN DIFERENTES ROLES EN EL PROCESO DE COMPRA".

"EL USUARIO FINAL, EL QUE DESTRUYE EL PRODUCTO CON SU USO, ES EL ROL MAS IMPORTANTE".

"SE DEBEN REALIZAR ACCIONES DIFERENTES PARA CADA UNO DE LOS ROLES QUE INTERVIENEN EN UN PROCESO DE COMPRA".

"CUANTO MAS CERCA DEL CLIENTE ESTÉ EL VENDEDOR, EN EL ACTO DE LA COMPRA, MAS FÁCIL ES QUE ÉSTA SE DECANTE DE SU LADO".

"UN CLIENTE INSATISFECHO SE LO CONTARÁ A OTROS SIETE POSIBLES CLIENTES".

CAPITULO 3

¿Pero qué es lo que vendo?

Todos los años la empresa de Marcos organiza unas jornadas de formación en Dusseldorf donde reúnen a buena parte de los comerciales de zona. La empresa ha creado una nueva línea de discos abrasivos cerámicos en la que ha invertido mucho tiempo y dinero y espera de los comerciales que vuelquen una buena parte de sus esfuerzos en su lanzamiento. Durante dos días visitan las líneas de producción, hacen pruebas con el material y reciben charlas, catálogos y documentación técnica por parte de los ingenieros, jefes de producto, y responsables de fabricación. Al cabo de los dos días Marcos coincide en el avión de regreso con el responsable comercial de la zona oeste. Hace apenas un mes que lo contrataron y durante el viaje no deja de leer y releer la documentación. Está abrumado por la cantidad de información, intentando recordar todos y cada uno de los datos técnicos como si realmente todos y cada uno de ellos fueran relevantes, y Marcos no puede dejar de recordarse a sí mismo a la vuelta de sus primeras jornadas de formación. ¿Tuvieron entonces sus ojos la misma expresión de pánico que los del comercial de la zona oeste?

El Conocimiento del producto

Cuando un vendedor llega por primera vez a la empresa en la que va a trabajar lo primero que se hace con él es enseñarle las instalaciones y presentarle a sus compañeros. Esto es algo necesario y de la forma en cómo se realice dependerá el futuro del vendedor en la compañía; está comprobado por diferentes estudios que los quince primeros minutos de un empleado en su nueva empresa, marcaran el devenir de su carrera profesional en la compañía.

A continuación, y tras las presentaciones correspondientes, se pasará a darle una formación en aquellos productos mas importantes de la compañía que tiene que salir a vender. No es habitual que se le forme en *todos* los productos. Si preguntáramos a la persona que ostenta la responsabilidad última de la formación de los nuevos empleados seguramente alegaría que no hay tiempo suficiente, o que ciertos productos no tienen el peso específico en la facturación global como para invertir más tiempo y dinero en ellos, o cualquier otra razón.

Generalmente esta formación la realiza el responsable técnico del producto o productos en cuestión, sea medico, sea químico, sea ingeniero, o cualquier cargo que represente la fabricación de los productos. Casi nunca será un comercial. Y con eso se lanza al comercial a la calle y se espera de él que consiga resultados, y cuanto antes mejor.

Lo anterior sucede en el mejor de los casos, pero muchas otras empresas sólo les dan a los vendedores nuevos los catálogos de productos y una somera explicación de los mismos e, inmediatamente, se les envía a vender.

En ambos casos nos encontramos ante una formación (si es que el segundo caso puede llamarse así) orientada hacia el producto, que no hacia el mercado o el cliente. Queda, pues, a criterio del vendedor la búsqueda de aquellos atributos del producto que crea que pueden interesar más a los futuros clientes.

¿Es ésta una formación correcta en producto? ¿Acaso los productos se venden por sus características técnicas? ¿No hemos visto que la venta se produce por la satisfacción de una o varias necesidades del cliente, y que las características técnicas sólo son relevantes en la medida en que generan los beneficios que cubren esa necesidad?

Sin embargo en la mayoría de las empresas lo habitual es encontrarse con estos casos donde la formación se reduce a la transmisión de información, pero no al modo en que dicha información debe ser utilizada para hacer bien el trabajo para el que el comercial ha sido contratado.

Es necesario, pues, resaltar que *información* no es igual a *formación*, por más que ésta necesite de aquélla, y reivindicar la necesidad de una formación correcta y adecuada al trabajo que un vendedor va a realizar, y no sólo en el conocimiento del producto sino también en los aspectos comerciales. Esto es, una formación orientada hacia el mercado y hacia el cliente.

La herramienta fundamental para conseguir esta formación consiste en un documento llamado *ficha de producto* o *ficha de servicio* según sea la naturaleza de lo que vendamos.

F.A.Q. HACE AÑOS QUE MI EMPRESA TIENE FICHAS DE PRODUCTO QUE LO DESCRIBEN PERFECTAMENTE ¿CÓMO AYUDA ESO A LA VENTA?

No hemos de confundir las fichas de producto con las fichas técnicas, que son documentos que se pueden encontrar en muchas empresas. En ocasiones son hasta obligatorias por ley, como en el caso de ciertos productos químicos. Casi todas estas fichas se parecen entre sí. Al final son únicamente descripciones técnicas del producto.

En efecto, esos documentos no pueden ayudarnos a vender. Y la razón por la que no lo hacen es porque no han sido creados para hacerlo. Son documentos que responden a un enfoque productivo, no comercial.

La ficha de producto, para ser comercialmente útil, debe estar orientada hacia el mercado y hacia el cliente y, por tanto, debe componer el argumentario necesario para que el vendedor pueda desempeñar su labor de manera efectiva.

La ficha de producto

La ficha de producto es un documento de una o varias páginas que se compone de diversos apartados. Lo importante, lógicamente, es la reflexión que conduce a escribir en el interior de cada uno de ellos la información relevante. A diferencia de las fichas técnicas, la ficha de producto es un documento interno que *nunca* debe ser entregado a un cliente. **Bajo ningún concepto.**

La ficha de producto es un documento de consulta y trabajo que configura el argumentario del vendedor. Todo vendedor debería disponer de las fichas de producto desde el día en que entra en una compañía, y debería ayudar a mejorarlas y a actualizarlas de manera regular.

La elaboración de una ficha de producto no es un proceso *lineal*. Es el resultado de haber averiguado qué es lo que vendemos, a quién y por qué, pero también es un medio para averiguarlo. En muchas ocasiones al cumplimentar un apartado deberemos volver atrás y corregir o añadir datos, de la misma manera que tendremos presente el resto de los apartados que aún nos falta por cumplimentar. El resultado final debe ser un documento único, limpio, legible y útil. No es, sin embargo, un documento estático, inamovible, sino que debe ser revisado periódicamente para reflejar en él los cambios propios del mercado.

Los apartados fundamentales de una ficha de producto son:

Nombre del fabricante

Tanto éste como el siguiente apartado son comunes para todas las fichas de producto. Es evidente de para conocer un producto es necesario saber quién lo fabrica. Puede ser que se trate de nuestra propia empresa, pero puede ser también que comercialicemos productos de terceros, en cuyo caso es imprescindible saber quién es el fabricante.

Características del fabricante

Por lo que respecta al fabricante del producto debemos especificar todas sus características relevantes: cuándo fue constituida, nacionalidad, patentes, cuántos son sus trabajadores, el perfil medio y formación de los mismos, instalaciones con las que cuenta, capacidad de las instalaciones, capacidad productiva, situación financiera… es decir, cualquier dato que pueda ser relevante. Si comercializamos productos de terceros puede darse el caso de que nuestros clientes busquen productos de una cierta nacionalidad, o un fabricante con capacidad suficiente como para cubrir su demanda, o para asegurar un suministro a largo plazo, etc.

Dado que a priori desconocemos cuáles serán las necesidades de los clientes lo que debemos hacer es incluir cualquier dato que pudiera ser relevante para la venta de los productos de ese fabricante.

Nombre del producto

¿Cómo se llama nuestro producto? ¿Cuál es su referencia? Cada nombre de producto es único de manera que la identificación de producto es inequívoca. Si un modelo tiene una característica diferente a otro su nombre deberá ser diferente también. Por ejemplo, *Televisor B27-U* o *Televisor B27-U2*

Descripción del producto

En este apartado se trata de describir clara y concisamente el producto, de manera que cualquier profano en la materia sepa de lo que estamos hablando. No hay que incluir una larga enumeración de las características sino que hay que explicar *qué es* lo que queremos vender. Por ejemplo, la *Llave inglesa modelo 32* se describirá como *Herramienta metálica para uso profesional y domestico.*

Utilidad principal del producto

Es evidente: ¿para qué sirve o se usa el producto/servicio que estamos describiendo?, ¿cuál es la finalidad para la que está fabricado? Por supuesto podemos cascar nueces con un martillo, pero su utilidad principal siempre será la de clavar clavos.

Características del producto

En este aparatado debemos enumerar todas y cada una de las características del producto en cuestión: de qué esta hecho, cuáles son sus formas, sus colores, prestaciones, potencias, dimensiones, materiales, etc.

Es decir, se trata de enumerar todo aquello que sea relevante en su construcción, en especial aquellos aspectos que diferencian a nuestro producto de otros de la misma familia y, muy especialmente aquellos que lo diferencian de los productos de la competencia.

Beneficios

Lo visto hasta el momento no tiene una gran diferencia respecto a las fichas técnicas de producto pero a partir de ahora entramos directamente en lo que convierte a una ficha de producto en una herramienta comercial.

Está claro ya que el cliente compra un producto/servicio porque las características de éste se traducen en beneficios para él, y que cada beneficio está vinculado a una motivación de compra, puesto que la compra responderá a la búsqueda de Seguridad, Afecto, Bienestar, etc. (¡vaya, otra vez SABONE!). Esas motivaciones de compra dibujarán un perfil de cliente que será, en definitiva, el público objetivo al que se dirige nuestro producto: quién es más probable que lo compre o, dicho de otra manera, a quién debemos ofrecérselo.

¿Es útil o no es útil para un comercial saber qué tipo de cliente puede comprar qué productos, y por qué razones?

Pues para que sea así debemos cumplimentar este apartado de la ficha de producto poniendo, al menos, dos beneficios para cada una de las características del producto que hayamos indicado en el apartado anterior. Y cuando decimos beneficios queremos decir: qué es lo que le reporta al cliente esa característica.

Junto a cada beneficio deberemos indicar también la motivación de compra por la cual esa característica supone un beneficio. Un bolígrafo con bola cerámica ultrarresistente podrá traducirse en mayor resistencia a los golpes, y este beneficio responde a una motivación de seguridad, pero también habrá un segundo beneficio en forma de durabilidad, y éste responde a una motivación de economía.

Para que una ficha de producto sea útil debe ser legible, *consultable*, y para ello es fundamental que utilicemos las palabras justas, sin extensas explicaciones ni escenarios poco probables. Para ello se impone una reflexión profunda antes de cumplimentar cada una de las líneas de este apartado.

En este punto es importante repetir que *los beneficios de un producto no son sus características*: éstas están del lado del producto y aquéllos, del lado del cliente. Por ejemplo: el hecho de que un producto de limpieza se venda envasado en PET, no tiene como beneficio que *sea flexible* (lo que es una característica propia del producto) sino, por ejemplo, el ahorro en costes por menores roturas de envases (lo que es un beneficio propio del cliente).

Cuando uno o más beneficios de los incluidos en las fichas de producto se repitan regularmente en la mayoría de las fichas deberemos incorporar ese beneficio en el apartado de las características de la empresa como una de ellas puesto que si nuestros productos aportan, por ejemplo, prestigio y novedad, trabajar con nuestra empresa reportará a nuestros clientes un prestigio y novedad que puede que no tengan si escogen los productos de la competencia.

Público Objetivo

Habiendo visto las motivaciones de compra aplicables a cada producto ahora debemos ir un paso más allá. Ya conocemos el perfil del comprador tipo de nuestros productos, pero ahora deberemos concretar a todos los públicos posibles a los que irá dirigido cada producto.

Los beneficios de un cierto producto serán diferentes según se trate del usuario final, el distribuidor, el comercio minorista, el almacenero, el jefe de taller, el jefe de compras, etc.

¿A quién nos dirigimos?, ¿quién es nuestro cliente? Los beneficios para el cliente serán los que deberemos incluir en el apartado anterior.

Por regla general haremos una tabla en la que incluiremos todos los públicos posibles a los que puede ir dirigido cada producto e incluiremos los posibles beneficios para ellos pero sólo incorporaremos al apartado anterior aquellos que tengan más influencia para nuestro público objetivo.

Un envase con forma de cubo puede no ser relevante para el usuario final, pero sí puede serlo en términos de logística. ¿Es importante la logística para nuestro cliente?, ¿a quién vendemos realmente?.

Ventajas y desventajas frente a otros productos de la empresa

En este apartado debemos ver, por comparación, cuáles son las diferencias entre los diferentes productos de nuestra propia empresa. En ocasiones podemos estar hablando de productos de diferentes gamas, pero en otras muchas sucede que algunos productos de una misma empresa que tienen una funcionalidad semejante a otros no son vendidos o no son publicitados por el simple hecho de que la propia red comercial no los conoce adecuadamente.

Este apartado supone contar con una herramienta de decisión a la hora de aconsejar un producto u otro a los clientes. El análisis de las ventajas y desventajas que uno de los productos propios tiene frente a otros de la propia cartera puede asegurar para la propia empresa, desde encontrar nichos de mercado que se pasaban por alto, hasta adecuar la producción a la demanda real.

Ventajas y desventajas frente a otros productos de la competencia

Cuando un comercial pone en competencia sus productos contra otros para conseguir un contrato, y hace esto una y otra vez a lo largo del año, al final casi siempre acaba sabiendo cuáles son esos otros productos.

Y si no lo sabe debe comenzar a preocuparse inmediatamente.

Tanto si conseguimos la venta como si no lo hacemos es fundamental el conocimiento de la competencia y de sus productos y saber por qué hemos vendido, o por qué no. Dejar que este conocimiento venga dado por la experiencia puede suponernos a nosotros muchos contratos perdidos por el camino, a la empresa muchos comerciales *quemados*, y a todos muchas oportunidades desaprovechadas.

Para cumplimentar este apartado debemos llevar a cabo una prospección, un análisis de mercado de los productos de nuestra competencia, y hacerlo de manera similar a cómo elaboramos esta ficha de producto, es decir: incluyendo los beneficios para el cliente que le reportan los productos contra los que competimos.

De este modo podremos tener una idea de dónde somos mejores y dónde no lo somos. El conocimiento de esta información nos permitirá defendernos frente a las objeciones posibles del cliente, incluso adelantándolas, o proponiendo productos en los que sabemos que la competencia no podrá hacernos daño, o lo hará en menor medida.

F.A.Q. YO SOY SÓLO UN COMERCIAL Y MI EMPRESA TIENE CIENTOS DE REFERENCIAS. ¿CÓMO VOY A HACER ESTO CON TODOS LOS PRODUCTOS DE MI EMPRESA?

Las fichas de producto son un documento de empresa, no algo privado del comercial. Es cierto que es una herramienta fundamental para el vendedor, pero dado que debe incluir todas las facetas posibles del producto debe ser elaborada por un elenco de personas de la organización entra las que no deberían faltar:

- *Vendedores.*
- *Vendedor interno.*
- *Director comercial.*
- *Director de marketing.*
- *Director técnico.*
- *Director financiero.*
- *Director de producción.*
- *Director de logística.*

Es decir, todos los miembros del departamento comercial y al menos el responsable de todos y cada uno de los departamentos implicados.

Pero si la empresa no lo hace es importante que seamos nosotros mismos, los comerciales, quienes fabriquemos nuestras propias herramientas, al menos de los productos de mayor comercialización.

F.A.Q. VALE, YA ESTÁ IMPLICADA TODA LA ORGANIZACIÓN ¿AHORA CÓMO ORGANIZAMOS EL TRABAJO?

Para la elaboración de una ficha de trabajo dispondremos de una sala amplia donde todos los asistentes puedan sentirse cómodos y se dejará que todos expresen su opinión, sin jerarquías.

Para la realización de cada una de las fichas de producto/servicio se empleara un mínimo de 4-6 horas (mejor un día entero) y sus conclusiones serán incluidas en un formato igual en estructura para todos los productos de la compañía.

Estos documentos permanecerán en la compañía durante toda la vida del producto, con las adecuadas actualizaciones.

Para cada producto nuevo, antes de su lanzamiento, deberá elaborarse una ficha de producto de manera que ningún producto salga al mercado sin disponer de esta herramienta, tan importante para su comercialización.

Para la elaboración de las fichas de los productos ya comercializados la dinámica es la misma pero dado que es inviable paralizar completamente la actividad de la empresa lo adecuado es elaborar un calendario de trabajo con sesiones periódicas en las que se aborde cada vez un producto diferente.

Es conveniente, una vez elaboradas todas las fichas de producto, mantener estas sesiones periódicas para la actualización de la información, la incorporación de nuevos datos, o la eliminación de aquellos productos que hayan sido retirados.

No debemos comenzar el cuarto capítulo sin tener interiorizadas estas cuatro ideas:

"LO QUE LE INTERESA AL CLIENTE ES EL BENEFICIO QUE OBTIENE CON NUESTRO PRODUCTO/SERVICIO.".

"LA FICHA DE PRODUCTO ES UNA DE LAS MEJORES ARMAS CON QUE CUENTA EL COMERCIAL".

"HAY QUE CONOCER LOS PRODUCTOS DE LA COMPETENCIA TAN BIEN COMO LOS NUESTROS".

"EN LA CONFECCION DE LA FICHA DE PRODUCTO DEBEN PARTICIPAR TODOS LOS DEPARTAMENTOS CON ALGUNA RELACION CON EL CLIENTE".

CAPITULO 4

Antes de la entrevista de ventas

Una nueva reunión, una nueva bronca. O, mejor dicho, la misma bronca de siempre. Y Marcos no lo comprende. Ha cubierto los objetivos de venta que le pusieron pero su jefe no hace más que quejarse de que en su zona la empresa no gana dinero y de que no sabe lo que pasa allá. Marcos está frustrado. Cada pedido parece que suponga para la empresa un problema: cuando no son los tiempos de producción son los de entrega, cuando no las condiciones de pago... desde la propia empresa no hacen más que ponerle obstáculos ahora precisamente que está consiguiendo vender. Parece que nunca están contentos. Desde que comenzó en esta empresa recibió grandes presiones para vender, y tuvo que invertir muchas horas y esfuerzo para conseguirlo y ahora que alcanza la cifra de ventas que le marcaron, su jefe sigue sin estar satisfecho. No sólo es que no reciba ni tan siquiera una palmadita en la espalda, es que cada pedido es una nueva excusa para darle caña. Así tampoco él está contento. Ha empezado a pensar que detrás de todo el jefe tiene algún tipo de problema personal contra él...

Funciones del vendedor

Los vendedores y, lo que es peor, los jefes, podemos tener la tentación de pensar que una vez conocemos los posibles comportamientos de compra de los clientes con los que nos vamos a encontrar, conocemos los productos, y realizamos una hipótesis sobre los posibles tipos de cliente con que nos vamos a encontrar, ya estamos preparados para salir a vender.

Nada más lejos de la realidad. Por supuesto que podemos salir a vender, e incluso sin eso, como ya hemos visto que sucede. Y saldremos. Pero es poco probable que vendamos. E incluso aunque vendamos aún es menos probable que vendamos con éxito.

Para poder salir a vender todavía tenemos que realizar una serie de trabajos y de asumir otros conceptos. Entre ellos están el saber cuál es nuestra función como vendedores, qué se espera de nosotros y de nuestra labor comercial. Es posible que ahora todo eso suene a lo mismo pero démosle una vuelta y veremos.

En mucho casos –desde luego, más de los que sería deseable- los vendedores salen a la calle impulsados por la necesidad de sus jefes de traer pedidos a la empresa de forma inmediata, y también es cierto que en muchos casos -también más de los deseables- los vendedores vuelven a la empresa con las *orejas caídas*, sin haber vendido, y lo que es peor, sin saber qué ha pasado.

Cuando esto sucede lo primero que debemos hacer es buscar la primera de las causas en la falta de definición de las tareas que el vendedor debe realizar. De igual manera el vendedor debe asumir una serie de funciones para la consecución de sus objetivos y de los de la compañía para la que trabaja.

Ahora bien, si le preguntamos a cualquiera que se encuentre en una situación similar a la descrita – comercial o jefe- cuáles son las funciones de vendedor casi con toda seguridad la respuesta será breve: "pues vender, claro".

Y no parece una mala respuesta, pero está incompleta.

¿Qué sucede cuando un vendedor vende con precios fuera de margen? ¿Es correcto que lo haga con una imagen no acorde con el carácter de la empresa? O, por poner un último ejemplo ¿Qué pasa si acuerda con el cliente unos tiempos de entrega no asumibles por el departamento de producción?

En todos los casos la respuesta es la misma: el vendedor habrá *vendido* pero habrá sido un fracaso de venta. Ni qué decir tiene si el vendedor *coloca* Biblias en la sede del partido comunista, o coches de gama alta a personas que no pueden pagarlos. Tal vez vuelva a la empresa con pedidos pero…

De manera que, por supuesto, el vendedor debe vender como una de sus funciones principales, pero es evidente que debe **vender con rentabilidad**. También debe **informar** a la empresa de las noticias del mercado, tanto de los clientes como de la competencia o del entorno. Del mismo modo, debe **ser la imagen** de la compañía, en sus principios, su aspecto, su modo de actuar y de expresarse. Es decir, el vendedor debe ser un **hombre de marketing**, en el sentido en que esta expresión engloba a las tres anteriores.

Funciones básicas del vendedor:

- *VENDER CON RENTABILIDAD*

- *SER LA IMAGEN DE LA COMPAÑÍA*

- *INFORMAR A LA COMPAÑÍA*

En definitiva:

SER UN **HOMBRE DE MARKETING**

La organización del trabajo

Las anteriores son funciones que han de ser inherentes al propio vendedor, y que su empresa debe haber asumido como propias. Cualquier empresa que conciba al vendedor como *carne de cañón*, como a los soldados a los que se mandaba a morir en los asaltos a las trincheras de la primera guerra mundial, está condenada.

Antes bien, los vendedores, unas veces solos y otras junto con la dirección de la empresa, debemos realizar otra serie de funciones -más bien tareas- que tienen que ver con la planificación del trabajo a realizar. Estas tareas definen la vertiente de *planificación de las ventas*, que son la base del trabajo comercial planificado y fructífero.

La importancia de la planificación es un factor que normalmente no es tenido en cuenta por los vendedores. Si preguntamos a un comercial cómo se organiza para llevar a cabo las ventas generalmente nos responderá que tiene previstas una serie de visitas a una serie de cliente en las cuales pretende *vender más*.

Las agendas, los planning, los documentos digitales, los CRM son herramientas que pueden permitir llevar a cabo una buena planificación, pero al final no son más que eso: herramientas, y no sirven de nada si no se usan adecuadamente. De la misma manera un martillo, por sí mismo, no clavará un clavo a no ser que alguien lo empuñe y sepa qué debe hacer con él.

La mayoría de comerciales planifican físicamente su trabajo en su agenda (de papel o electrónica) cuando no en algunas *hojas al efecto*. Y si pudiéramos mirar en su agenda es probable que encontráramos citas establecidas en la semana actual y poco más, de manera que se limitan a trabajar el día a día, incluso aunque tengan un sentido global de lo que quieren hacer instalado en su mente.

También es cierto que, cada día más, las empresas ponen a disposición de los vendedores herramientas para el control y planificación del trabajo, lo cual podría facilitarnos la labor a los vendedores. Pero los resultados que se prometía la empresa no siempre son los que obtiene con su uso. ¿Qué sucede, entonces? ¿No son válidas esas herramientas? Todo lo contrario, pero si lo analizamos con detenimiento veremos que en la mayoría de los casos la empresa utiliza estas herramientas única y exclusivamente para el control, cuando deberían ser utilizadas para la planificación y para que los vendedores pudiéramos desarrollar muestro propio **autocontrol**.

Lo primero que todos los vendedores debemos tener claro -y, por ende, nuestras empresas- son las tareas de planificación que debe desarrollar para cumplir sus funciones con eficacia y con eficiencia. Esto es: vender más y con la energía utilizada de forma eficiente. Estas tareas son las siguientes:

- Planificación de los objetivos.
- Análisis de la cartera existente.
- Prospección de nuevos clientes.
- Organización de las rutas y de los circuitos de visita.
- Concertación de entrevistas.
- Preparación metódica de las visitas a realizar.
- Preparación del material necesario para la visitas/s.

Como en anteriores apartados es importante la explicación de cada uno de los puntos anteriores, porque no basta con saber qué tarea hay que desarrollar, sino hay que saber cómo hacerlo correctamente.

Planificación de los objetivos

Todavía en demasiados casos los objetivos de ventas para cada periodo son fijados en exclusiva por la dirección general de la empresa, la dirección comercial o el jefe de ventas. Es posible que alguien se pregunte *qué hay de malo en ello*. El problema no es quién, sino cómo se fijan los objetivos.

Habitualmente el establecimiento de los objetivos se hace siguiendo un criterio de *incremento de la facturación*, lo que es perfectamente lógico, pero no es menos cierto que en muchos casos se hace sin tener en cuenta las necesidades del mercado, ni las informaciones que tiene el vendedor. Es éste, el *personal de frontera*, aquél que está en contacto con el día a día del mercado y conoce su pulso, pero nadie le suele pedir opinión, ni él la suele dar, por lo que la información de quien establece los objetivos suele ser, en el mejor de lo casos, incompleta.

Es cierto que la empresa debe tener unos objetivos generales, de acuerdo con la estrategia diseñada para el periodo del que se trate. También es cierto que la fuerza de ventas debe estar al servicio de esas estrategias y del objetivo general de la empresa, puesto que, en este aspecto, el vendedor es un activo mas de la compañía; muy valioso -el que más-, pero activo al fin y al cabo.

Por consiguiente nosotros, vendedores, deberemos trabajar para la consecución de los objetivos de la empresa, pero ¿de qué manera? Si bien la empresa tiene unos objetivos, quien tiene la información del mercado, de primera mano, somos los vendedores. Habrá que conjugar ambos aspectos para que su suma permita la consecución de los objetivos de ambos. Empresa y vendedor deberemos consensuar, por tanto, cómo se obtendrán esos objetivos, dónde, cuándo, por qué razones, con quiénes, etc. Sólo de esta manera los objetivos resultarán alcanzables y satisfactorios para ambos.

En este sentido es necesario indicar que los objetivos tienen una doble vertiente que debe ser atendida. Por una parte están los objetivos **cuantitativos**, que son los que se suelen considerar en casi todas las empresas: la cantidad, los números que vamos a conseguir en facturación, ventas, mercados, etc. Pero hemos de considerar también la parte **cualitativa**, esto es: la de calidad de la gestión, la que afecta al desarrollo personal del vendedor, al desarrollo de los valores profesionales, y también de la cultura de la organización.

Los objetivos deben tener, por tanto, **una meta** y contener **valores**. Los objetivos, además, deben plasmarse en negro sobre blanco, en un documento que la organización debe trasladar a todos y cada uno de los miembros, conteniendo tanto los objetivos generales de la empresa como los objetivos específicos de cada puesto.

Para que los objetivos sean lo que deben de ser (útiles, ante todo) deben desterrar cualquier posible ambigüedad y para ello deben responder a estas cinco premisas *irrenunciables:*

1. Deben ser cuantificables

2. Deben estar acotados en el tiempo

3. Deben ser ambiciosos, pero alcanzables

4. Deben ser controlados

5. Deben estar jerarquizados

Si no cumple estas cinco premisas a un mismo tiempo no es un objetivo. Podrá ser cualquier otra cosa, hasta una declaración de buena voluntad pero, desde luego, no será un objetivo.

Los objetivos deben ser cuantificables

Los objetivos deben ser planteados en todos sus aspectos numéricos. Las cifras no se prestan a interpretación y son, por tanto y valga la redundancia: *objetivas*. Es decir, son iguales para todos y no son opinables, por lo que cuando se traza el objetivo y se define con valores numéricos no existirá discrepancias sobre lo que se está definiendo y no habrá lugar a interpretaciones, que mas adelante podrían suponer errores en la consecución de los mismos.

Algo cuantificable son frases como éstas:

- Incrementar un 10% la cuota de ventas en el mercado *A*

- Vender de 50 unidades del producto *X*

- Conseguir primeras ventas a 3 nuevos clientes de tipo *A*

En la empresa de Andrés acaban de salir de la penúltima reunión comercial del año. El jefe ha querido lucirse y les ha entregado a todos ellos un magnífico dossier bien encuadernado, lleno de gráficos con un montón de colores, y de arengas para el nuevo año. Se nota que acaba de terminar uno de esos cursos motivacionales. Algunos de sus compañeros están inspirados, pero Andrés no hace más que mirar una y otra vez el apartado de los objetivos, donde pone algo como: "Incrementar las ventas para afrontar los descensos sufridos en los dos últimos trimestres". ¿Qué significa eso exactamente? ¿Acaso creen que él no quiere vender cada vez más? No es la primera vez que pasa por algo parecido y sabe que, a final del año, no estarán contentos: aunque haya vendido más que el año anterior seguro que no les parecerá bastante.

Los objetivos deben estar acotados en el tiempo

En el documento de establecimiento de objetivos no sólo se debe *cuantificar* sino que también se debe contemplar las fechas, periodos o ciclos en los que esas cifras han de ser alcanzadas.

Los objetivos acotados en el tiempo tienen esta forma:

- Realizar 50 visitas a clientes nuevos a la fecha de 31 de marzo del año en curso
- vender 10 unidades del producto "Y" cada mes, durante los tres primeros meses del año

Ha transcurrido un año y ha pasado lo que Andrés imaginaba. A pesar de haber vendido más todos los comerciales se han llevado una reprimenda espectacular, y eso que consiguió que el jefe concretara un poco más y le especificara que si vendía 5 maquinas de la serie 3000 estaría satisfecho. Otros compañeros también consiguieron objetivos más específicos y todos ellos han llegado al final habiendo cumplido lo que el jefe les dijo, pero no ha servido de nada. Andrés consiguió su cifra en el primer trimestre, y se ha llevado bronca –además de ser tildado de vago por no haber cerrado muchos más pedidos a lo largo del año-, pero otro, que ha hecho casi todas sus ventas en el último mes también ha tenido su parte. El jefe dice que la empresa ha tenido muchísimos problemas de producción con picos y valles de trabajo que han encarecido los costes y además algunos plazos han sido inasumibles y en algunos casos ha tenido que pagar penalizaciones. El jefe dice que gracias a que otros compañeros han ido vendiendo a lo largo del año el área de producción ha tenido algo de continuidad pero asegura que si la mitad de los vendedores hubieran hecho lo mismo que Andrés la empresa habría ido a la quiebra. La frustración entre los comerciales es palmaria: ¿acaso no han conseguido incrementar las ventas, tal y como era el objetivo?, ¿Acaso no lo han hecho según la concreción que les dio el propio jefe?

En la medida en que se cuantifican y se acotan los objetivos éstos se separan del desiderátum de la empresa y éste deja de ser una referencia. Por supuesto, cualquier empresa quiere incrementar su volumen de ventas, su beneficio y reducir su riesgo. Es decir, mejorar cada año. Y eso es bueno. Pero si nuestra remuneración depende de la consecución de objetivos, como pasa con la mayor parte de los comerciales, y acabamos de abrir una tienda de ordenadores en nuestro garaje más vale que no nos pongamos como objetivo *ser como Apple*... Al menos no el primer año.

Los objetivos deben ser arriesgados pero sólo en la medida en que ese riesgo puede ser un incentivo para alcanzarlo. Deben tener esa parte de acicate que obligue - que *autoobligue* al propio vendedor- a alcanzarlos y a demostrar su valía, en un ejercicio de reto hacia las metas propuestas. Evidentemente debe ser un riesgo controlado y que no lleve a la creación de falsas expectativas.

Los objetivos irrealizables no sólo *no son útiles* sino que son tan poco deseables para la empresa como para el vendedor, puesto que suponen una importante pérdida de beneficios y de autoestima para los dos. Si se plantea el riesgo y se alcanza el resultado, el vendedor se auto motivará para la siguiente etapa, y la empresa y el vendedor ganarán más dinero; en caso contrario, el vendedor se desmotivará y ambos, empresa y vendedor, perderán dinero.

Este año el jefe dice que ha aprendido de sus errores y ha hecho unos objetivos como deben ser, pero el ánimo de Andrés está destrozado. Atendiendo a que el año anterior consiguió los objetivos en el primer trimestre este año el jefe dice que tiene que duplicar las ventas en su zona y hacerlo, además, de manera que cada trimestre se cierre una cuarta parte de los pedidos. Es ilógico. En vano Andrés ha intentado explicarle que en su zona, el año pasado, la existencia de ciertas exenciones fiscales adelantó las compras de sus clientes al primer trimestre pero que este año no se produciría nada parecido y que, además, su zona no da para más. El jefe no atiende a razones. Aun piensa que es benévolo pidiéndole que duplique las ventas en lugar de cuadruplicarlas, pero Andrés ya sabe que este año, que aún no ha comenzado, es imposible que cumpla los objetivos y ya sabe que no ganará la prima anual de modo que ¿para qué intentarlo?

Los objetivos deben ser controlados

Una cosa debe quedar clara: una vez establecidos y aceptados por la organización **los objetivos de un periodo nunca deben cambiarse**. El análisis previo al establecimiento de objetivos implica que son lo que la empresa necesita en cada momento y lo que la empresa

acometerse de manera preferente. Para saberlo basta con contrastar las acciones con los objetivos de manera que aquéllas vayan en la línea de éstos. Esto se traduce en que si, por ejemplo, el objetivo es alcanzar una mayor penetración en el mercado de los productos químicos, las acciones especiales sobre los clientes del mercado de la alimentación quedan en segundo plano y, por tanto, deben ser pospuestas o canceladas.

F.A.Q. ¿CÓMO SE IMPLICA A UN VENDEDOR CON LOS OBJETIVOS?

Si usted ha hecho esta pregunta es porque usted es Director Comercial o Gerente y, seguramente, es usted quien dicta los objetivos. Incluso si los objetivos están bien planteados, si el comercial no se siente partícipe de los objetivos no los interiorizará y posiblemente no sentirá ninguna responsabilidad sobre ellos. Si usted quiere implicar a un vendedor con los objetivos impliquelo primero en su elaboración.

Siguiendo estas indicaciones de forma coherente se podrán plantear objetivos acordes con los valores de la empresa, que permitirán al vendedor crecer profesional y personalmente y, por tanto, a la propia empresa.

Análisis de la cartera de clientes

Otra de las tareas que el comercial debe llevar a cabo para vender con eficacia y eficiencia es el análisis de la cartera. Y sobre todo debe realizarlo cuando está planificando las estrategias y acciones comerciales que va a adoptar durante el año.

La cartera de clientes, en contra de lo que algunos piensan, no se compone sólo de aquéllos que ya son *clientes efectivos* –es decir, que ya compran a la empresa– sino también de los *clientes potenciales*, que serían todos aquellos de cuya información se dispone pero que aún no han comprado. El análisis, por tanto, debe contemplar a los dos tipos de clientes.

El control de riesgo de la cartera

El control de riesgo de la cartera es la medición y análisis de los porcentajes que suponen los diferentes grupos de clientes en relación con el facturado total de la compañía en un periodo determinado.

Dicho de otra manera: es saber qué porcentaje de las ventas anuales dependen de cada cliente o tipo de cliente. Con esto se puede averiguar cuáles son los clientes estratégicos, a los que hay que cuidar, pero también permite conocer a esos otros clientes *tóxicos*, sobre los que hay que trabajar *de otra manera*.

Para eso lo primero que hay que hacer es comprender una de esas leyes universales que se empeña en afectarlo todo por mucho que nos neguemos a verlo, tal y como la gravedad o las leyes de la termodinámica (incluso incluiría en este grupo a la Ley de Murphy). Esta ley no es otra que el llamado principio de Pareto, que habla de la tendencia de cualquier muestra estadística a distribuirse en porcentajes de 80/20.

Aplicado al caso comercial viene a decir básicamente que el 80% de la facturación de una compañía tiende a ser soportada por el 20% de los clientes.

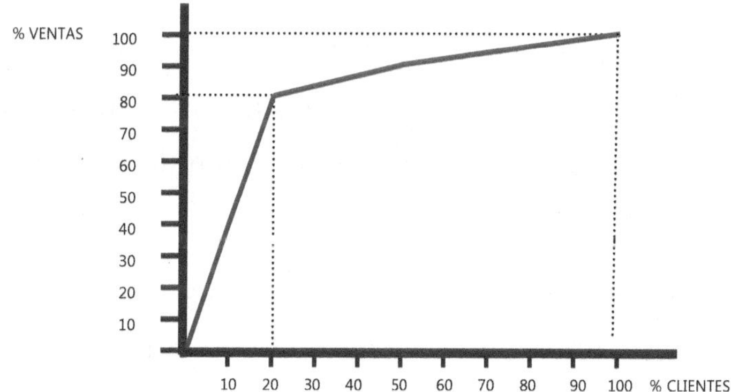

Ciertamente, se trata de una aproximación que habrá que poner en su lugar en función del tipo de empresa y de venta que se realice (en el sector industrial será más adecuado contar con un 70/30) pero no hay que olvidar que siempre existirá esta tendencia a concentrar el grueso de la facturación en pocos clientes

Para el control del riesgo de cartera dividimos a los clientes en grupos en función del porcentaje unitario y global de la facturación que representan, llamando a estos grupos A, B y C.

Los pertenecientes al grupo A serán aquellos que están incluidos en el grupo que supone el 20%, aproximadamente, de la facturación de forma conjunta.

Los pertenecientes al grupo B serán aquellos cuya facturación conjunta esté en el tramo entre el 21 y el 80% de la facturación total, siendo los del grupo C los restantes, que supondrán el último 20%.

Para el análisis del riesgo de cartera la división en estas tres categorías se hace considerando exclusivamente la facturación que se ha tenido con ellos, sin considerar ningún otro aspecto.

Después de hacer esta división es posible encontrar que unos pocos clientes supongan el grueso de la facturación, es decir, que exista un desequilibrio entre la facturación y el reparto entre los clientes. Esto quiere decir que gran parte de la facturación de la empresa depende de muy pocos clientes de manera que la pérdida de uno de esos clientes supone una merma importante en la facturación. A eso se le llama, lógicamente, tener un *riesgo de cartera alto*.

Como norma general cabe decir que deberían ser preocupantes valores unitarios superiores al 5% entre los clientes de tipo A, es decir, que un solo cliente suponga un porcentaje mayor del 5% sobre la facturación total de la empresa.

¡Atención!, esto no quiere decir que los clientes que aportan mas de un 5% son malos. Lo que quiere decir es que el riesgo debe ser compensado añadiendo otros clientes.

La segunda de las grandes ayudas que nos presta el control de riesgo de la cartera es la información que nos proporciona de la parte baja de la lista de clientes, la que hace referencia a la facturación a los clientes C, y de entre éstos, a los más bajos. Es posible que cada vez que la empresa admite y gestiona un pedido de estos clientes esté perdiendo dinero. Está comprobado que aproximadamente el 12% de los clientes tipo C son deficitarios para las empresas.

¡Ojo! Es posible que un cliente C lo sea simplemente porque no hemos profundizado suficientemente en él. Cabe la posibilidad de que tenga un potencial de consumo de los bienes o servicios de nuestra empresa que lo hagan interesante Antes de hacer nada al respecto, deberemos analizar al cliente por su potencialidad, es decir, por lo que nos podría comprar en el futuro.

Así el análisis del riesgo de la cartera nos inicia ya a preparar los objetivos para el próximo periodo de forma que contribuyan a subsanar las posibles deficiencias que existan, aumentando el número de clientes de los tipos A y B, o por cualquier otra táctica al efecto.

Fernando está desolado. Su principal cliente acaba de anunciarle que no van a prorrogar el contrato. Su empresa, una agencia de medios, contaba con él. No son muy grandes pero los cincuenta clientes que tienen les han permitido mantenerse. Ahora bien, éste era especial. Casi una cuarta parte de lo que facturaba la empresa se lo facturaba a este cliente, un gran consumidor de minutaje de televisión. Fernando sabe que sin esta cuenta la empresa tendrá que reajustar los puestos de trabajo. Ahora tiene que hacer una nueva visita, a uno de esos clientes que no hacen más que dar problemas. Tenía la intención de quitárselo de encima pero ¿cómo hacerlo precisamente ahora, después de este varapalo?

La gestión comercial de la cartera

El control del riesgo de la cartera debe hacerse en función de la facturación de cada uno de los clientes pero lo que eso no dice es cuánto es posible vender. Para eso lo primero que el comercial debe hacerse es una serie de preguntas como éstas:

- ¿Estoy vendiendo a mis clientes todo lo que puedo venderles de un mismo producto?
- ¿De qué otros bienes o servicios de mi cartera de producto son o pueden ser consumidores?
- ¿Cuánto están comprando mis clientes a mi competencia?

Lo que el comercial debe hacer a continuación, pues, pasa necesariamente por conocer cuál es la potencialidad de todos los clientes de la cartera, incluyendo tanto a los que ya compran como a aquellos que todavía no lo han hecho.

La gestión comercial de la cartera consiste en planificar la gestión de ventas considerando variables que permitirán al comercial lograr objetivos más ambiciosos. La primera de estas variables es la potencialidad del cliente, es decir, cuánto puede en la actualidad o podrá en un futuro próximo comprar a la compañía. En función de ella se preparará la estrategia y objetivos para el siguiente periodo (trimestre, semestre, o año).

De nuevo hay que dividir a los clientes en tres categorías, a las que se debe nombrar con otras tantas letras o dígitos. Para no confundir con la clasificación del análisis de riesgo de cartera llamaremos aquí A_1, B_1, C_1. Esta clasificación tiene en cuenta lo que cada uno de los clientes (efectivos o potenciales) *podría comprar* de los productos que el comercial lleva en cartera.

Considerando a los clientes efectivos, con los que ya se ha realizado el control de riesgo de cartera, se ha de llevar a cabo una comparación entre lo que ya compran y lo que podrían comprar. De esa comparación se desprende un indicador que se conoce como el **grado de penetración de cartera**.

Por ejemplo, cabe la posibilidad de encontrar a un cliente que compra a la compañía 10.000 € en diferentes productos pero que podría llegar a comprar 100.000 € de todos los productos que fabrica o comercializa la compañía, compras que actualmente está realizando a varios proveedores. La penetración en este cliente será, pues, del 10% de su potencial de compra, lo que deja un potencial de crecimiento del 90%.

Este potencial de crecimiento es un dato tremendamente valioso puesto que realizar acciones sobre clientes que ya compran a la compañía presenta un mejor índice de resultados frente a esas mismas acciones realizadas en clientes que todavía son sólo potenciales. De este modo se podrá ser más eficiente con el reparto de los recursos disponibles por el vendedor; gastos de desplazamiento, horas de trabajo, kilometraje, pernoctaciones, etc., dado que los recursos son limitados y se debe trabajar en aquellas tareas y objetivos que representen un mayor valor de retorno cuantitativo y cualitativo para el vendedor y para la compañía.

Para clasificar a los clientes potenciales, aquellos que todavía no han comprado actuaremos de manera similar pero utilizando como referencia, eso sí, el volumen de facturación de la empresa con los clientes efectivos. Así habrá que estimar cuánto puede comprar cada cliente potencial de toda nuestra cartera de producto y asignarle la clasificación que corresponde.

Si un cliente potencial compra 11.000 € de productos que el comercial puede venderle, y los clientes tipo A de este comercial son aquellos que le compran más de 10.000 €, este cliente deberá ser clasificado como cliente A aunque aún no haya realizado ningún pedido.

Dice el refrán español que cuando Dios cierra una puerta abre una ventana y Fernando siente que algo parecido acaba de pasarle. Creía que no merecía la pena conservar a este cliente, cuya facturación era una minucia y ahora, casi por casualidad, acaba de descubrir que tiene un potencial tremendo. Por supuesto, nunca ha consumido mucho espacio en radio, televisión o prensa escrita pero la razón es que su producto se consume casi en su totalidad a través de internet y quieren centrar en la red todos los esfuerzos publicitarios de un ambicioso plan de expansión. Precisamente es internet una de las ramas de la empresa de

Fernando que más se ha reforzado en los últimos años y él siente que puede ser de gran utilidad a su cliente y compensar en parte la pérdida del cliente anterior. Ahora una duda empieza a reconcomerle: ¿a cuántos más clientes de su cartera no les está vendiendo algo que podrían necesitar?

F.A.Q. ¿QUÉ HAGO CON LOS CLIENTES C DE MENOR FACTURACIÓN? LOS TIEMPOS NO ESTÁN COMO PARA IR DESPRECIANDO CLIENTES.

No se trata de despreciar, sino de adecuar los recursos que destinamos a un cliente a lo que podemos obtener de él. Lo primero será comprobar que el cliente está en el máximo de su potencialidad, es decir, que no podríamos facturarle más, y si es así habrá que realizar acciones de bajo costo para mantener su compra, o incrementar los márgenes cuando trabajemos con ellos o bien atendiéndolos por medio del departamento de venta interna.

Información del mercado

Dentro de la planificación de las acciones a emprender la de obtención de información del mercado es fundamental puesto que supone la extracción de la *materia prima* de la que más tarde se conseguirán los nuevos clientes y otra información gracias a la cual el comercial podrá saber cómo hacer que sus ofertas sean más competitivas.

Prospectar el mercado es una labor de investigación que el comercial debe llevar a cabo en todo momento y no una tarea con fecha de inicio y fecha de final. Es, más bien, una actitud que debe tener el comercial puesto que supone mantenerse alerta para la *recolección* de información valiosa.

Prospectar el mercado significa averiguar dónde están los clientes potenciales y quiénes son.

La prospección del mercado se realiza en función de las necesidades personales del vendedor en cuanto a su cartera de clientes pero, sobre todo, de acuerdo con las necesidades de la empresa, de hacia donde esta quiere ir en función de los mercados, clientes o productos cuya venta se quiere potenciar.

La principal tarea a realizar consiste en la elaboración de un listado de posibles clientes, de aquellos que son interesantes tanto para el vendedor como para la empresa. Hay muchas fuentes de las que obtener información, entre las que destacan:

- Anuarios empresariales
- Listados de los institutos de estadística
- Asociaciones de empresarios
- Bancos
- Estudios de mercado y, por supuesto...

- Internet

De todos estos lugares se puede obtener un listado con los datos básicos de empresas o personas que podrían ser consumidores de los productos que vende nuestra empresa. Este listado no será nunca algo estático sino que debe ser actualizado constantemente puesto que el mercado siempre está en movimiento y cada día surgen nuevas oportunidades: clientes que no lo eran pueden pasar a serlo y de no estar atento el comercial puede dejar pasar grandes oportunidades. Las revistas sectoriales, la propia conversación con otros clientes... todo ello es fuente de información valiosa que debe ir completando día a día la información de ese listado e ir incorporando a nuevos clientes potenciales.

Lo adecuado es que este listado sea puesto a disposición del vendedor por la empresa, y que sea alimentado constantemente por ambas partes. Sus datos deben ser depurados y filtrados por el comercial, utilizando aquellos que son más adecuados para el objetivo propuesto.

La ficha de cliente

Después de la criba quedará un pequeño conjunto de clientes potenciales que serán un objetivo a atacar durante el siguiente periodo.

Tanto para estos clientes potenciales como para los clientes efectivos el vendedor debe elaborar una ficha de cliente. La ficha de cliente es un documento que o bien existe en la empresa o bien lo elabora el comercial para su propio uso, que permite saber de forma clara cómo es exactamente el cliente y qué información *relevante* hay que tener en cuenta.

Debe incluir una serie de datos imprescindibles: de identificación personal, de identificación empresarial, de formas de envío de la mercancía, descuentos aplicables, días y horas de visita idóneos, persona de contacto, datos de facturación, etc. y toda aquella información *burocrática* que se necesite. Dado que es una herramienta comercial también debe contener todos los datos propios de la gestión comercial: potencialidad, compras de los últimos ejercicios, productos, penetración, número de personas que trabajan en este cliente, quien atiende sus llamadas, etc.

La ficha de la competencia

Es importante para el vendedor conocer no sólo a sus clientes sino también a aquellos que intentan ocupar su espacio en el mercado. Sobre la mesa del cliente nuestras ofertas se encontrarán con las ofertas de la competencia y cuanto más conocimiento de ella tenga el comercial mejor podrá defender su propuesta o, dicho de otra manera, la forma en que su propuesta satisface la necesidad del cliente.

Sabiendo que el vendedor es un *hombre de marketing*, alguien que, además de vender, permite que la empresa se posicione en el mercado, resulta evidente que una de sus funciones básicas es la de *informar a la compañía*. Así el vendedor no solo debe aportar información de los clientes, también debe hacerlo del mercado en su globalidad incluyendo, como no podía ser de otro modo, a la competencia.

La ficha de la competencia es un documento que se elabora para todos y cada uno de los competidores conocidos en el que se incluye información *relevante* de éste. Estas fichas están a disposición del comercial y deben ser actualizadas, al igual que las fichas de cliente, de forma dinámica, conforme se obtiene una mejor información.

Los datos que debe incluir la ficha de la competencia son, por ejemplo: su oferta actual, la cuota de mercado estimada de cada competidor (para cada producto o familia de productos), las estructuras y los medios de comercialización de que dispone, los circuitos de comercialización que emplea, su gama de productos y su vivacidadmortandad, cómo es su cadena de distribución, los servicios adicionales que ofrece tales como garantías, formas de pago, descuentos, plazos de entrega, etc.

En definitiva una ficha de competencia debe incluir toda aquella información que permita a la compañía y al vendedor llevar a cabo estrategias en función del competidor que se encuentre en cada cliente especifico.

De esta manera si el comercial sabe que se encontrará con una empresa de la competencia cuyo punto débil es la rapidez del servicio y éste es un aspecto importante para el cliente, el vendedor deberá hacer hincapié en esta característica e, igualmente, si resultara que es el punto fuerte de la competencia el comercial deberá desarrollar su oferta de manera que mejore ese aspecto, minimice sus efectos, o aporte otros aspectos de importancia para el cliente.

F.A.Q. ¿Debo hacer una ficha para cada uno de los posibles clientes?

Absolutamente Sí. Una ficha de cliente debe ser consultada con regularidad, completada con nuevos datos y actualizada después de cada visita. Si son clientes que tarde o temprano se podrá volver a visitar la ficha resulta imprescindible, puesto que nos permitirá ir profundizando en su información relevante y, por tanto, comenzar desde un punto de partida más próximo al conocimiento pleno del cliente. Y cuanto más conozcamos al cliente mejor podremos satisfacer sus necesidades.

F.A.Q. La responsable de compras de mi cliente acaba de dar a luz ¿Debo anotarlo en la ficha?

¿Es relevante? Esto es ¿Te ayudará a vender mejor? Si es así, anótalo. Sólo el comercial puede saber qué información es valiosa. Para que una ficha de cliente sea útil debe permitir que, de un vistazo, el comercial sepa cómo es el cliente y qué es importante para él. Hay que ser cuidadosos puesto que llenar la ficha de cliente de información poco importante acaba por convertir el documento en algo farragoso de leer e inútil, por tanto, para la gestión comercial.

¡Un momento! Antes de seguir intentemos recordar lo siguiente:

"LOS OBJETIVOS DEBEN SER CONSENSUADOS ENTRE LA EMPRESA Y EL VENDEDOR, SOBRE LA PREMISA DE LO NECESARIO PARA AMBOS".

"DEBEN EXISTIR OBJETIVOS CUANTITATIVOS, PERO TAMBIÉN CUALITATIVOS".

"LOS OBJETIVOS NO SE CAMBIAN, SE CAMBIAN LAS TÁCTICAS Y LOS RECURSOS PARA CONSEGUIRLOS".

"5 DEBERÍA SER EL NÚMERO MÁXIMO DE OBJETIVOS POR CADA PERIODO DE VENTA".

"HAY QUE TENER MUY CONTROLADO EL RIESGO DE CARTERA".

"A LOS CLIENTES HAY QUE CLASIFICARLOS POR SU POTENCIAL DE COMPRA, NO POR LO QUE NOS HAN COMPRADO".

CAPITULO 5

El camino a tomar

Hoy el día ha comenzado de manera diferente para Marcos. Es festivo local y por eso ha desayunado con su mujer y su hija pequeña en casa. Es una delicia de niña que está obsesionada por la película Alicia en el país de las maravillas *y quiere verla a todas horas. La mujer de Marcos acaba de interesarse por lo que hará los restantes días de la semana y lo cierto es que Marcos no sabe qué responder. Tiene sus planes, claro, pero si alguien viera su agenda se sorprendería de no encontrar casi anotaciones para los próximos dos días. Justo cuando va a contestar las imágenes de televisor captan su atención. Alicia está perdida y quiere salir del bosque. Le ha preguntado al gato de Chesire qué camino debe tomar, pero como no sabe a dónde quiere ir el gato le responde que tampoco importa el camino.*

Dentro de su cabeza se produce como un destello de luz. Marcos había visto esta secuencia decenas de veces pero hasta ahora siempre le había parecido absurda la respuesta del gato sin embargo en este momento la encuentra de una lógica abrumadora. Se da cuenta de que no se trata de saber sólo qué es lo que hará mañana, dónde ir, sino de saber a dónde quiere llegar con lo que hace día tras día. ¿Sabe realmente cuál es ese punto? Marcos tiene la certeza, de pronto, que debe replantearse su trabajo completamente: tomar una visión global de sus objetivos, su cartera y, en general, su manera de afrontar el trabajo. Organizarse de manera diferente en función de lo que quiere conseguir: porque sólo el destino al que vamos da verdadero sentido al camino que escogemos.

Organización de las rutas y de los circuitos de venta

Es una realidad que la venta se realiza en contacto con el cliente y, por tanto, cuanto más tiempo pasemos con nuestros clientes más ventas cerraremos. Por si a alguien la frase anterior le ha despertado impulsos equivocados hay que matizar que no se trata de *secuestrar* a un solo cliente, esto es, robarle tiempo de manera innecesaria, sino de tener la oportunidad de satisfacer las necesidades de muchos de ellos.

La mayoría de los que nos dedicamos a la labor comercial nos hemos encontrado con el problema operativo de cómo realizar las visitas para aprovechar bien el tiempo de que disponemos. Se trata de ser no sólo eficaz, sino también eficiente. Para ello el vendedor debe planificar el modo en que va a llevar a cabo su trabajo diario.

Los vendedores debemos conocer de forma exhaustiva el terreno en el que nos desenvolvemos. Y no es sólo una metáfora. Estoy hablando ahora del territorio *físico*. Es nuestra obligación, si queremos ganar dinero, conocer los recursos de ventas de nuestra zona, analizar los datos pertinentes e implantarnos para obtener el máximo rendimiento a nuestro tiempo y a nuestro trabajo.

Los 3 análisis previos

Tras haber acotado los clientes a los que nos vamos a dirigir llevaremos a cabo un análisis de **la ubicación geográfica** de estos clientes: dónde está cada uno, centros de atracción de la zona, carreteras de acceso, polígonos y zonas de concentración, pero también las zonas de expansión posibles.

De este análisis se derivará una primera distribución por zonas. Éstas deben analizarse desde el punto de vista socio económico para ver las diferentes potencialidades de una sobre otra. Es decir, de cuál de estas zonas podemos **sacar más** de lo que estamos sacando en la actualidad. Este análisis deberá contemplar, por ejemplo, el censo poblacional, los índices de riqueza o el poder adquisitivo y cultural de cada área en concreto.

Por supuesto en el análisis de las zonas debemos tener en cuenta **la competencia** con la que previsiblemente nos encontraremos, puesto que también ésta tiene diferente implantación y cobertura. Puede ser que un competidor muy fuerte en una zona no lo sea en otra o que existan pequeños competidores locales muy fuertemente implantados pero que carezcan de las ventajas de ser una empresa de mayor ámbito.

En función de lo anterior los vendedores podemos saber qué medios utilizar en cada área, que estrategias adoptar y dónde intensificar los esfuerzos. Lógicamente, dado que el entorno siempre es cambiante, estos análisis deben ser actualizados periódicamente.

Los objetivos de las rutas

Ahora sí, después de los análisis previos el comercial está preparado para trazar los itinerarios que debe seguir para hacer sus visitas del método más eficiente posible.

Para hacer unas buenas rutas debemos tener presente lo que hemos de conseguir con este *trazado*.

- Reducir los gastos: de forma que realicemos el menor número de desplazamientos posibles.

- Optimizar los tiempos de desplazamiento: para que podamos estar el máximo de tiempo posible donde somos más efectivos -delante del cliente, claro- y utilicemos el menor tiempo posible en desplazarnos, que es una actividad no productiva.

- Reducir la fatiga física: es una buena práctica empezar siempre las rutas por el cliente más lejano de la base de la compañía, de modo que aprovechemos los tiempos menos efectivos para los desplazamientos más largos. De esta manera también cuando finalice el día estaremos cercanos a la base de la que partimos de modo que evitaremos hacer muchos kilómetros al final de la jornada, cuando la fatiga física es mayor y, por tanto, aumenta el riesgo en el desplazamiento.

- Aumentar el tiempo delante del cliente: porque es aquí donde vamos a poder mejorar nuestros resultados, consiguiendo información y obteniendo pedidos. Mejorará también la relación con el cliente, siempre que aportemos algo nuevo e importante para el cliente en cada visita (nada de robarle tiempo, como hemos dicho).

- Evitar improvisaciones: si una visita no está prevista y planificada no debemos realizarla, a menos que sea una imposición de un cliente determinado y siempre que no perjudique al resto de clientes previstos. Cada visita requiere su preparación para que sea productiva o, dicho de otra forma, cuanto menos preparada esté una visita más probable es que salga mal.

- Mejorar el control: si trabajamos de forma planificada podemos tener un mejor control de nuestra propia acción comercial, al tiempo que no se olvida la realización de las visitas adecuadas y planificadas a ningún cliente.

2 ejemplos de rutas:

<u>De lejano a cercano</u>

Dist. máxima

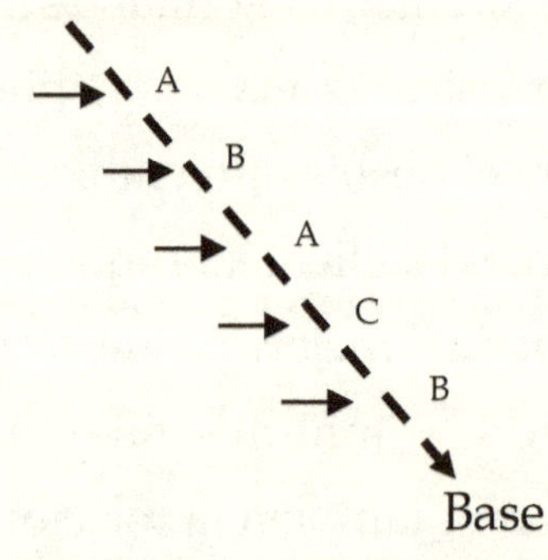

<u>Rutas en margarita</u>

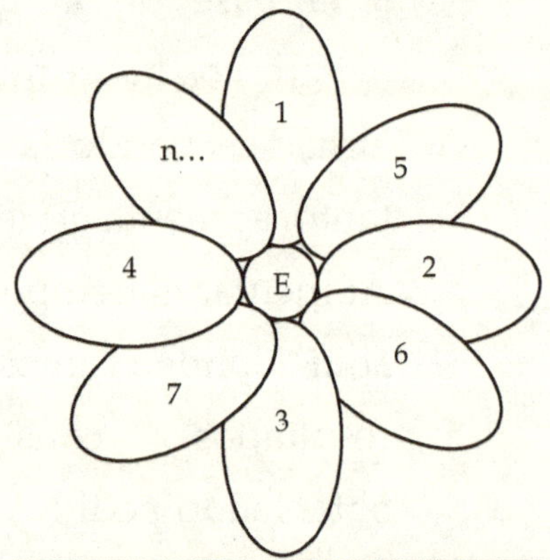

La planificación de las rutas es la base del día a día del vendedor puesto que de ella depende, además del rendimiento, la duración de la jornada laboral. Para planificar adecuadamente las rutas de venta hemos de tener también en cuenta una serie de factores que inciden en el acto de la venta, puesto que influyen en el consumo de tiempo y éste es un recurso limitado: por mucho que queramos el día no tendrá más de 24 horas, y una jornada laboral provechosa, muchas menos.

Los factores que debemos tener en cuenta son:

- La zona geográfica: sus características de acceso, climatológicas y las probabilidades de imprevistos.
- El tipo de producto: hay productos que necesitan más recursos de preparación o exposición y dependiendo de los que sean más vendidos en ciertas zonas la ruta deberá ser más corta, más larga o presentar necesidades especiales.
- El tipo de cliente: por la misma razón no todo el mundo se comporta igual, tiene los mismos protocolos o la misma manera de hacer negocios.
- El modulo de la visita: esto es el tiempo medio que se emplea en una visita tipo para cada tipo de cliente de la cartera, midiéndose en minutos.

- Los medios de transporte: que han de emplearse en cada ruta tales como avión, coche, tren, etc. o la combinación de varios de ellos.

- El trabajo administrativo: tanto la preparación de los desplazamientos como la propia burocracia de entrada o salida de ciertas zonas conlleva un consumo de tiempo que debe ser contemplado.

- Los tiempos muertos y de espera: que en muchas ocasiones son imprevisibles pero en otras no. En cualquier caso el vendedor que planifica una ruta debe contar con que existirán.

- La política de visitas: puesto que la propia empresa puede establecer la conveniencia de algunas o todas las visitas a ciertos clientes, en ciertas épocas o con motivo de acontecimientos especiales.

<u>Estrategia para la elaboración de las rutas</u>

Si hacemos todo lo anterior estaremos preparados para elaborar nuestras propias rutas. La experiencia dicta que la manera más adecuada de hacerlo es del siguiente modo.

- **Paso 1**: Fija los clientes a visitar. Anotándolos en un papel, una tabla, un CRM, o cualquier instrumento que tenga previsto la compañía.

- **Paso 2**: Clasifica a los clientes. Para cada zona geográfica se establece una clasificación de los clientes ABC que se encuentran dentro de ella.

- **Paso 3**: Establece frecuencia de visitas. Para cada uno de los clientes, en función de su clasificación, debemos establecer la frecuencia con la que le atenderemos y debemos fijarnos, para cada una de las visitas programadas, el módulo de visita (el tiempo medio que le dedicaremos).

- **Paso 4**: Desglosa las subrutas. Conociendo el tiempo que nos llevará cada cliente y los demás factores (desplazamientos, esperas, etc.) desglosaremos la ruta general en subrutas diarias de manera que cada una de ellas tenga la duración de una jornada y la atención a clientes de distinta clasificación.

- **Paso 5**: Comprueba. Cada ruta debe ser comprobada no sólo en la teoría sino también en la práctica. De esta comprobación surgirán nuevos datos que nos llevarán a la corrección de las posibles deficiencias, y a la adaptación a las nuevas circunstancias tales como el cambio de itinerario, el desglose de una nueva subruta, etc.

Una buena práctica para la realización de las visitas diarias es la de no planificar nunca clientes de tipo A tras una visita a otro cliente de tipo A. Es conveniente intercalar entre estos clientes otros de tipo B o C ya que las visitas a clientes de tipo A nos representan una mayor exigencia *intelectual* y de ella podría derivarse cansancio, faltas de concentración y, por consiguiente, que cometamos errores en la siguiente visita. Al intercalar clientes de menor importancia, si se producen errores, sus consecuencias tendrán también menor importancia.

F.A.Q. ¿CÓMO VOY A PROGRAMAR LAS RUTAS SI MIS PROPIOS CLIENTES NO ME PERMITEN SER TAN RÍGIDO?

Es inevitable que surjan imprevistos que hay que atender, eso es un hecho, pero no todo lo que sucede tiene que ser, necesariamente, imprevisto. Si esto nos pasa es a causa, precisamente, de la falta de planificación. Los clientes agradecen que los proveedores les eviten los imprevistos y saber a qué atenerse, y lo reconocen como un signo de profesionalidad. En muchos casos algunas de sus demandas que parecen urgentes pueden esperar a ser atendidas 24 o 48 horas, plazo de tiempo que nos permitirá intercalar la visita en otra ruta y planificarla adecuadamente. Cuanta mayor sea la planificación de las rutas menor será el número de imprevistos.

F.A.Q. NO SOMOS AUTÓMATAS. ES IMPOSIBLE HACER UNA PLANIFICACIÓN DE RUTAS TAN METICULOSA Y NO DESVIARSE DE ELLA.

El fruto de la planificación es un plan, y un plan es un proyecto de los pasos a seguir.

Ningún plan es absolutamente perfecto ni dura para siempre. La planificación de rutas debe servirnos para saber lo que debemos hacer en el día a día para sacar rendimiento al tiempo del que disponemos. Nuestro objetivo debe ser, por tanto, cumplir el plan, pero también ir modificándolo para adaptarlo a las circunstancias cambiantes. Por eso no debemos frustrarnos si nos desviamos un poco del plan previsto, especialmente al principio. Lo que es importante es saber que, si es bueno para nuestro trabajo como vendedores, debemos perseguirlo.

Concertación de las visitas

En la medida de lo posible las visitas comerciales que hagamos deben haber sido concertadas previamente. Tanto más beneficiosas serán en la medida en la que lo hayan sido.

A nadie le gusta que le tomen por sorpresa en su trabajo diario, incluso cuando el imprevisto pueda reportarle algo interesante. Pero el simple hecho de que nos interrumpan algo que estábamos haciendo –y la mayor parte de la gente emplea su jornada laboral en *hacer cosas*– no nos predispone favorablemente.

La concertación es una fase fundamental del proceso de la venta. La calidad de la concertación propiciará la visita o la descartará. El objetivo de la concertación es acordar con el cliente, ya sea un cliente efectivo o un cliente potencial, el momento en el que esta visita va a tener lugar. Dicho de otra manera: el objetivo de la concertación con un cliente es exclusivamente venderle la propia visita.

Si la concertación se realiza adecuadamente nos aportará una serie de ventajas evidentes:

- Permite acordar una fecha conveniente para ambas partes, con lo que supone para la organización de las visitas y del tiempo tanto del cliente como del nuestro.
- Facilita la preparación y organización del circuito de venta, ahorrando tiempo y visitas perdidas.
- Da valor a la visita y al cliente, ya que al darle un carácter personalizado hacia el cliente este lo aprecia como una cortesía hacia el reparto de su tiempo.

Es conveniente concertar las visitas por teléfono. Este tipo de comunicación implica ciertas particularidades que hay que tener en cuenta puesto que no existe contacto visual, son imprevistas para el cliente, suelen ser comunicaciones rápidas y es muy sencillo que la información se pierda a causa de circunstancias no controladas que el cliente puede tener a su alrededor. Por este motivo debemos conocer los recursos necesarios de la comunicación telefónica y crear un guión de llamada que se desarrolle en tres fases.

- **Fase 1**: fase de presentación e identificación. Donde diremos quién somos, a qué empresa pertenecemos y a qué se dedica la empresa.

- **Fase 2**: fase de desarrollo. Durante la cual expondremos, de forma breve, el objetivo de la llamada, recordando que *no debemos vender por teléfono*. Durante esta fase es habitual encontrarse con reticencias por parte de la persona contactada. Estas reticencias u objeciones son previsibles y pueden ser superadas con respuestas que debemos tener preparadas de antemano pero no debe parecer que lo están. Para conseguir que no lo parezcan no hay otra manera más que conocer muy bien lo que queremos conseguir y mejorar a través de la práctica.

- **Fase 3**: fase de conclusión y despedida. Por último fijaremos el acuerdo alcanzado, el día, la hora, y de qué pretendemos hablar de forma resumida y breve. A continuación agradeceremos la atención prestada y nos despediremos hasta el momento de la visita.

Una buena concertación nos ayudará en gran medida a que llevemos a cabo la visita con una ventaja. Esta ventaja consiste en poder iniciar la entrevista con el tema ya previsto, tema del que el cliente ya estará pendiente y su actitud, además, será más receptiva que si la visita le hubiera interrumpido su trabajo.

El problema con las *barreras*

El de *barrera* es un rol que desempeñan algunas personas con las que los vendedores nos encontramos a menudo cuando queremos contactar con la persona que realmente nos interesa. Se les llama *barrera* porque actúan como un obstáculo entre el vendedor y el interlocutor con el que quiere contactar y su objetivo es, precisamente, que nadie acceda al posible interlocutor sin su consentimiento.

Pero he aquí una pescadilla que se muerde la cola: ¿cómo conseguir su consentimiento si no hablamos antes con él, y cómo hablar con él si no podemos hacerlo hasta no tener su consentimiento?

Cada *barrera* debe ser tratada de forma diferente, y aunque existen técnicas para ir ganando terreno poco a poco ninguna de ellas asegura que la *barrera* vaya a ser superada.

Lo que debemos tener siempre en cuenta es que hay que ser cortés y amable con la persona que realiza el rol de barrera, evitando enfrentamientos y dando valor a su trabajo. Los vendedores hemos de entender que esa persona está realizando su trabajo y que a nadie le gusta que menosprecien su cometido.

Por otra parte hay que tener una visión amplia, a largo plazo. Así debemos considerar que, si finalmente conseguimos la entrevista, y si finalmente conseguimos vender a ese cliente, seguramente nos encontraremos regularmente con esa persona que ahora hace un rol de barrera. Cada vez que volvamos a esa empresa volveremos a vernos las caras, por lo que, sin duda, es mejor que esté de nuestra parte.

A la *barrera* hay que facilitarle el trabajo, indicándole claramente cuál es el objetivo de la llamada de forma precisa y poniendo en juego toda la empatía de la que seamos capaces.

F.A.Q. ¿CÓMO PUEDO CONCERTAR SI EN CUANTO LES DIGO A MIS CLIENTES PARA QUÉ QUIERO VERLES ME PONEN EXCUSAS?

Es importantísimo recordar que por teléfono sólo se vende la visita. Intentar vender el producto por teléfono es un error muy frecuente. No debemos argumentar por teléfono acerca de nuestro producto. Los productos sólo se venden durante las visitas. Nuestro objetivo durante la concertación es vender la visita, no el producto.

Preparación metódica de las visitas a realizar

En este punto podemos pensar que ya estamos preparados para llegar al cliente y tener una productiva entrevista de ventas pero aún nos falta un último paso de la planificación: la preparación de la visita y del material necesario.

Este paso puede parecer obvio pero la experiencia también indica que muchísimas visitas deben ser repetidas o finalizaron sin éxito porque el vendedor no las preparó suficientemente. A veces un detalle hace que nos llevemos el gato al agua, o que se nos escape, pues bien, ahora se trata de prever todos los detalles.

Has de saber qué quieres en cada visita

Cada visita tendrá unos objetivos claros que estarán a su vez enmarcados dentro de los objetivos generales para cada cliente en concreto y éste, a su vez también, lo estará dentro del objetivo u objetivos globales.

El objetivo genérico de un comercial siempre es vender pero, visto con perspectiva, no tenemos por qué cerrar una venta en cada visita. El objetivo para ciertos clientes puede ser ganar profundidad, acceder a uno u otro interlocutor, etc. Una visita es un paso más hacia la consecución del objetivo y, en ese sentido debemos establecer, *antes de estar frente al cliente*, cuál es el objetivo concreto que vamos a perseguir.

No improvises, planifica

No improvises, planifica

Cada visita, pues, debe ser tratada individualmente y se debe realizar según lo que está previsto, atendiendo al plan original.

Lógicamente hay un cierto margen de improvisación controlada, que cada vendedor debe saber gestionar, puesto que es imposible prever toda la casuística que puede darse. No obstante si en algún momento esta improvisación implica que nos desviemos del objetivo de la visita ésta debe reconducirse inmediatamente.

La razón principal es que es la probabilidad de que una visita no planificada acabe en nada es muy alta por lo que, en definitiva, sólo significará una pérdida de tiempo. Si de una visita surge una oportunidad no prevista es preferible que volvamos al cliente un tiempo más tarde con la visita bien planificada para atender a esa oportunidad antes que intentar llevar adelante una visita distinta a la que habíamos previsto.

No se trata de no atender a las oportunidades, todo lo contrario: se trata de atenderlas adecuadamente, para que acaben en venta.

¡Anda, los donuts!

¿Y el material? De cara a un cliente no hay nada peor (salvo, posiblemente, que le interrumpan en su trabajo), que las carencias de material por parte del comercial.

A la hora de preparar la visita también habrá que tener presente el material a emplear, esto es:

- Ficha de cliente
- Argumentario de ventas
- Fichas de producto
- Calculadora
- Material de escritura
- Folletos
- Hojas de pedido listas para ser rellenadas
- Tarjeta de visita

¿A que parece obvio? Pues más de una venta se ha ido al traste por no tener calculadora, o no poder tomar nota del pedido, o por no haber podido documentar tal o cual característica del producto, de manera que antes de salir a la calle uno debe revisar el material de que dispone, al igual que un escolar revisa su mochila.

F.A.Q. Sinceramente, no acabo de ver la necesidad de todo esto. Si dedico tanto tiempo a planificar ¿Cuándo voy a salir a visitar?

El objetivo de la planificación es facilitar las cosas y hacer que las visitas sean más llevaderas y provechosas. Un vendedor que sea capaz de todas estas labores lo tendrá más fácil, y venderá más. Es poco probable, sin embargo que quien lea este libro carezca de experiencia o empiece un proyecto desde cero, y nadie puede arriesgarse a caer en la parálisis por el análisis, *es decir, a no llegar a hacer visitas, por lo tanto deberemos ir implementando todos los pasos de la planificación sin descuidar el propio trabajo comercial. Al principio será más difícil pero, una vez establecida la base, la mejora es constante y muy sencilla.*

Como sucede cuando se compra un ordenador o un programa para el mismo, si se quiere tener un buen rendimiento antes hay que insertar en él la información que después será tratada. Esto es, en definitiva, lo que estaremos haciendo cuando planifiquemos nuestro trabajo: preparar nuestros recursos para utilizarlos de la forma más eficiente.

F.A.Q. Vale, de acuerdo. Ya he hecho todo lo anterior. Estoy en la puerta, con el maletín en la mano. ¿Y ahora qué?

Ahora, amigo mío, ya estás preparado para encontrarte con tu destino: la entrevista de ventas.

Este quinto capítulo se resume en lo siguiente:

"PRIMERO HAY QUE SABER DÓNDE SE QUIERE LLEGAR CON EL TRABAJO Y LUEGO ELEGIR EL CAMINO A SEGUIR"

"HAY QUE TRAZAR LAS RUTAS DE MODO QUE AYUDEN AL TRABAJO EFICIENTE, ¡Y PROBARLAS!".

"HAY QUE CONCERTAR LA ENTREVISTAS <u>SIEMPRE</u>"

"NO HAY PLANES INFALIBLES, POR LO QUE EL VENDEDOR DEBE ADAPTARSE E IR MEJORANDO POCO A POCO, DE MANERA CONTINUADA"

CAPITULO 6

El momento de la verdad: la entrevista

Hoy Marcos tiene la sensación de que le han puesto una niñera. Él es, con diferencia, el comercial de zona que más visitas mensuales hace y, aunque ha alcanzado los objetivos su ratio de éxito es muy inferior al de cualquier otro comercial, según su jefe. Y por eso es por lo que durante tres días ha decidido acompañarle, para ver cómo hace las cosas. Ahora que sabe planificar las rutas Marcos le ha preparado unas jornadas intensas, sin tiempo ni para respirar, para que se entere de una vez que él trabaja más que nadie. Al final de la primera jornada el jefe está agotado. Ha estado tomando notas en todas y cada una de las entrevistas, y aunque han hablado sobre los distintos clientes se nota que no ha querido entrar en profundidad. Al día siguiente, sin embargo, el jefe le sorprende con algo: le ha pedido que cancele todas las visitas del tercer día. Dice que ahora ha empezado a comprender algunas cosas que quiere hablar con él, pero que sigue sin comprender cómo Marcos puede sostener ese ritmo de trabajo. El tercer día lo dedicarán a analizar las visitas de los dos anteriores y a mejorar la entrevista de ventas. Pero lo más sorprendente ha sido la última revelación del jefe: dice que quiere que Marcos trabaje mejor... ¡para que trabaje menos!

¿Qué es eso de la entrevista?

Una entrevista de ventas no es más que un proceso de intercambio de información entre un cliente y un vendedor. Este intercambio consiste en que el vendedor realiza preguntas para que el cliente haga aflorar sus necesidades, percibidas o latentes, de modo que el vendedor pueda conocer cuáles son y proceda a satisfacerlas, aportando soluciones por medio de sus productos o servicios.

Puesto que se trata de un proceso de intercambio de información y que tiene un objetivo que cumplir, la entrevista implica la puesta en juego de unas determinadas técnicas de comunicación que, aplicadas de manera adecuada y en el orden correcto, conducirán a la decisión de compra del cliente.

Es un proceso en el que hemos de seguir unos pasos para que sirva a nuestros objetivos y también a los del cliente. El momento de dar algunos de esos pasos a veces resulta sencillo de ver pero en otras ocasiones somos nosotros, los vendedores, quienes debemos *incitar* su aparición para poder seguir avanzando en la entrevista.

En toda entrevista de ventas debemos dar los siguientes pasos, como si estuviéramos cubriendo las etapas de una prueba deportiva:

1. Detección de señales.
2. Contacto con el cliente.
3. Sondeo y detección de necesidades.
4. Argumentación de beneficios frente a necesidades.
5. Tratamiento de las objeciones.
6. Cierre de la venta.

Es fundamental recordar que la entrevista sirve al objetivo tanto del vendedor como del cliente y por este motivo ciertas estrategias de venta, conocidas como venta *flash*, o venta *a puerta fría* no tienen sentido como actividad profesional de venta puesto que implican la realización de visitas que no han sido concertadas y, por tanto, sin que el cliente esté esperando la visita del vendedor. Esta sola circunstancia ya predispone al cliente a no llevar a cabo ningún tipo de entrevista o, en el mejor de los casos, a atenderla sin la adecuada preparación de tiempo.

Por esta razón la efectividad de estas visitas suele ser muy baja, cuando no nula. Es cierto que algunas empresas emplean esta estrategia para conseguir sus pedidos, pero también es cierto que el tiempo y los recursos empleados son muy poco eficientes y, generalmente, son por cuenta del vendedor que las realiza. Por otra parte muchos de los pedidos conseguidos de esta manera suelen terminar en devolución puesto que cuando el cliente se da cuenta que ha comprado algo que no necesitaba tratará de retroceder la compra, con lo que el trabajo de venta habrá estado mal realizado a pesar del aparente éxito del vendedor.

Cerrar un pedido no es haber vendido con éxito puesto que la venta no termina hasta que el cliente ha pagado… y usado el producto o servicio.

La comunicación cliente-vendedor

La entrevista persigue el entendimiento entre dos o más personas para un fin común. Básicamente es, por tanto, un intercambio de información, un proceso de comunicación cuyo esquema no es diferente a cualquier otro proceso.

En muchas ocasiones las personas tendemos a creer que expresamos nuestras ideas de forma clara y que son los demás los que no comprenden lo que queremos decir. Cuando esto sucede debemos volver sobre nuestros pasos y analizar si estamos haciendo llegar correctamente a nuestro interlocutor la información exacta que queremos transmitir. Para eso nada mejor que saber cómo funciona realmente la comunicación entre las personas.

Para que exista una transmisión de información tiene que haber un *emisor* y un *receptor*. El emisor piensa en una idea que quiere trasladar al otro y la convierte en un mensaje que éste puede entender. En lenguaje verbal se dice que convierte sus ideas en palabras, pero estas palabras aún están en el interior de la mente del emisor y para comunicarse deben ser emitidas a través de un canal que puede ser la propia voz transmitida a través del aire, si el emisor decide hablar, o bien la escritura sobre papel, o bien a través de las tecnologías de la información, etc. El receptor de estas palabras las *descodifica*, convirtiéndolas en sus propios pensamientos o apreciaciones sobre la idea, y los procesa.

Hay varios tipos de comunicación pero a los vendedores lo que nos interesa es que se dé un proceso en el que emisor y receptor van alternando sus roles una y otra vez para conseguir ambos intercambiar información y actuar de forma complementaria. Es lo que se conoce como comunicación bidireccional o retroalimentada, la verdadera comunicación. En este proceso el emisor va comprobando cómo es recibido el mensaje y lo adapta o complementa sobre la marcha según el caso.

Mandar un email es una comunicación, pero no es bidireccional sino que sólo fluye en un sentido, incluso aunque el receptor responda con otro email, porque no hay posibilidad de actuar sobre el mensaje *mientras éste se está emitiendo.*

En todo proceso de comunicación existen algunos elementos externos que dificultan o incluso impiden que el mensaje se reciba e interprete de manera correcta. Son los llamados ruidos y filtros. Los ruidos interfieren en la transmisión del mensaje: el sonido ambiental, interrupciones, teléfonos que suenan, distracciones de cualquier tipo, etc. Y los filtros influyen tanto en la emisión como, especialmente, en la interpretación por parte del receptor del mensaje que ha captado: su propio estado de ánimo, nivel cultural, prejuicios o situación personal, etc. Algunos de estos filtros pueden suponer auténticas barreras que impidan el hecho mismo de la comunicación. Tal es el caso, por ejemplo, de la cultura de lo *políticamente correcto*, donde cualquier concepto que no es considerado socialmente aceptable es rechazado automáticamente por el receptor sin llegar a valorar la información del propio mensaje.

Por todos estos motivos es necesario que la comunicación tenga lugar en un entorno con el menor ruido posible y que el mensaje se adapte a las circunstancias del receptor. Así, quien quiera lanzar un mensaje y que llegue claramente debe tener en cuenta cómo será recibido e interpretado. Debe ponerse, pues, en la piel del interlocutor si quiere comunicar con éxito.

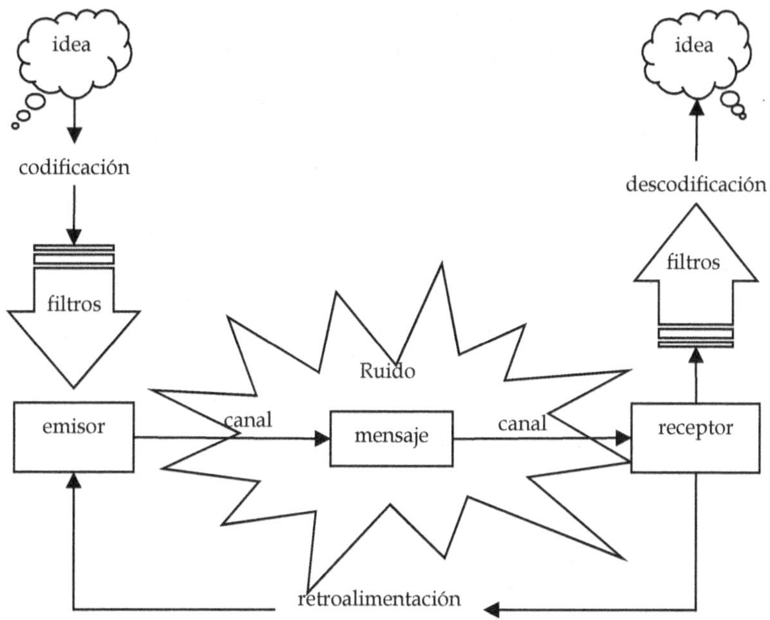

Para el comunicador y, en especial para el vendedor, es muy importante conocer este esquema general de la comunicación pues su comprensión nos ayudará a entender que es absolutamente necesario poner el énfasis en aquellos aspectos que sean importantes para la consecución del objetivo previsto.

F.A.Q. ¿DE QUÉ ME SIRVE SABER TODO ESTO CUANDO ESTOY DELANTE DE UN CLIENTE?

Existen diversos estudios que demuestran que en un proceso de comunicación como el que se da entre vendedor y cliente sucede lo siguiente:

- Entre lo que se piensa y lo que se codifica la información se pierde un 20%.

- Entre lo que se dice y lo que se oye se pierde otro 20%, por culpa de los filtros y los ruidos.

- Entre lo que se oye y lo que se entiende (decodificación), se pierde otro 20% (y ya va por el 60%).

- Entre lo que se entiende y lo que se retiene, se pierde otro 20%.

- Por fin, del último 20%, que sí se retiene… ¿Cuánto se olvida con el paso del tiempo?

Por lo tanto lo que interesa es que ese 20% de la información que se retiene sea la que le interesa al vendedor. Por eso la entrevista de ventas debe centrarse en el objetivo de la venta. Cuanta más información de relleno introduzca el vendedor menos recordará el cliente de lo realmente útil.

F.A.Q. ¿ES POSIBLE MEJORAR ESOS PORCENTAJES PARA QUE NO SE PIERDA TANTA INFORMACIÓN?

Por supuesto. Si se pretende comunicar correctamente, de nuevo tenemos que actuar sobre cuatro aspectos: el lenguaje, la actitud, el interés y el mensaje. El lenguaje debe ser adaptado al interlocutor, sencillo, sin tecnicismos y que aporte y genere empatía. La actitud para comunicar correctamente debe ser positiva, entusiasta y enérgica. El interés se debe utilizar para preguntar, escuchar correctamente, argumentar y resolver los problemas que se presenten. Y, por último, el mensaje debe ser claro, simple y fácil de asimilar.

Los vendedores debemos ser profesionales de la venta pero si, además, somos buenos comunicadores, tendremos gran parte del trabajo conseguido.

La detección de señales

En cierta medida el trabajo de un vendedor se parece mucho al de esos detectives de las novelas o series de televisión capaces de percibir pistas cuya existencia nadie más podría sospechar.

Especialmente en el momento de la verdad, en la entrevista de ventas, los vendedores debemos agudizar la llamada *actitud de radar*. Esta actitud implica que nos servimos del entorno para conocer más acerca de nuestro interlocutor y, de esta forma, adaptamos nuestra comunicación a él.

En verdad la entrevista de ventas comienza mucho antes de estar frente al interlocutor, incluso el aparcamiento de vehículos de la empresa nos puede dar información valiosa si lo observamos con detenimiento. Así cuando llegamos al lugar de la cita debemos realizar un ejercicio de observación, fijándonos en los vehículos del aparcamiento, el orden existente o no en el mismo, las personas que regulan el acceso, los rótulos, las señales en la fachada de la empresa, la limpieza o suciedad, el tipo de construcción, en definitiva, todas aquellas señales o indicios que nos pueden ayudar a conocer el carácter de la compañía a la que vamos a visitar y, por extensión, de las personas responsables de la misma.

Si la fachada exterior de la sede central de una empresa presenta desconchones y suciedad, un grafismo de hace treinta años y los vehículos del aparcamiento no tienen menos de ocho años lo más seguro es que nos encontremos con una empresa en dificultades (cosa que debería saber antes de intentar visitarla) o bien con unos responsables avaros y tacaños parecidos al Mr. Scrooge del cuento de Navidad de Charles Dickens.

Por el contrario si el estilismo de la empresa está a la última, con mucha visibilidad, y los vehículos son deportivos y juveniles *probablemente* el responsable responderá al perfil de ego niño.

Del mismo modo el propio vestíbulo de la empresa arroja datos interesantes que podrán desmentir o confirmar las primeras impresiones, empezando por la antigüedad y calidad del mobiliario, la temática y la edición de revistas de la sala de espera, el aspecto y la actitud de la persona que recibe y hasta si existen o no caramelos a disposición de las visitas.

Toda esta observación sistemática del entorno es una actitud cuyo *aroma* debe impregnar todo nuestro trabajo de vendedores pero que es especialmente importante en los primeros instantes de la entrevista. Un vistazo inicial al despacho de la persona con la que hemos de mantener la entrevista debe podernos hacer intuir su tipo de carácter o perfil. Indicios significativos son las fotos de la familia en la mesa del despacho, el tipo de mobiliario y decoración, la ordenación de los papeles, etc. podrán hacernos pensar que el dueño de aquel despacho será una persona familiar, pragmática y a la que le motiva la seguridad y el bienestar. De otro modo, un despacho de estilo *minimalista* con decoración contemporánea, pocos papeles y fotografías de vehículos o elementos deportivos, puede hacernos pensar que el vendedor se encuentra ante un perfil dinámico, agresivo y que se mueve más por aspectos de orgullo y novedad.

Por supuesto esta *actitud de radar*, la detección de las señales, nos permite forjar una primera impresión que debemos contrastar posteriormente. La información obtenida por la observación debe corroborarse o descartarse a lo largo de la entrevista, adaptando la misma a los cambios percibidos al respecto. Ni qué decir tiene que esta adaptación tiene que ver únicamente con la manera en la que la entrevista se lleva a cabo, no con los objetivos de la misma. Para un comercial la primera impresión de un cliente no siempre es la que cuenta.

La primera impresión

Para un cliente, sin embargo, la primera impresión que le provoca un comercial es la más importante.

El inicio de la entrevista de ventas es de crucial importancia hasta el punto de que la manera en la que iniciemos la entrevista marcará el posterior desarrollo de la misma. Algunos expertos hablan de la importancia de los 30 primeros segundos, las 30 primeras palabras y los 30 primeros gestos. Baste decir que nuestras primeras actuaciones con el cliente no deben provocar en él reacciones negativas o defensivas.

Si no podemos provocar una impresión favorable debemos intentar que sea lo más neutra posible. En caso de duda la opción correcta es la de ser neutro.

Hay algunos aspectos que influyen definitivamente en esta primera impresión y son precisamente los aspectos *externos*, porque son precisamente los que primero percibe el cliente. Conseguiremos dar una buena impresión aplicando aquellos consejos que dan las madres cuando quieren que sus hijos sean educados. Y educados en todos los aspectos, se entiende.

La puntualidad, por ejemplo, es una forma de mostrar educación y de inclinar de nuestro lado la primera impresión.

Como ya hemos dicho los vendedores somos la imagen de la empresa y, por tanto, debemos cuidar al máximo nuestra imagen. Esto implica no sólo la forma de vestir sino también la forma de expresarnos, de sonreír, la higiene, el trato personal, la mirada, la postura al sentarnos o el tono de voz.

Si el aspecto personal es fuente de discrepancias o puede poner al cliente a la defensiva deberemos procurar, en futuras ocasiones, adaptar nuestro aspecto al del cliente si esto llevara a facilitar la relación, pero siempre dentro de unos límites: no es bueno vestir abrigo de pieles si se hemos de visitar a la protectora de animales, pero tampoco lo es *falsear* nuestra propia imagen.

El vendedor debe decir la verdad y su aspecto tampoco debe ser engañoso.

Como no se conoce de antemano al cliente nuestra presentación deberá ser neutra, esto es, ni excesivamente sobria ni estridente. El saludo debe ser amable, educado, y mirando a la cara del cliente, sin agresividad. La forma habitual de saludo en occidente entre dos desconocidos es a través de un apretón de manos, que debe ser correcto y amable. A nadie le gusta estrechar una mano lánguida o que le rompan los huesos metacarpianos.

El saludo con besos en la mejilla no es una convención generalizada y puede implicar connotaciones sexuales dependiendo del interlocutor, de manera que será mejor que lo evitemos.

En la relación interpersonal influyen otros muchos aspectos de origen cultural que debemos tener en cuenta: uno de los más importantes es el respeto al *espacio peripersonal* o, lo que es lo mismo la *distancia de seguridad* entre dos personas. Demasiada proximidad puede no ser confortable para el cliente.

El sondeo

El sondeo es, con diferencia, la parte más importante de la entrevista de ventas, más incluso que el cierre de la venta. La consecuencia natural de un buen sondeo es una mejor argumentación, un adecuado tratamiento de las objeciones y un cierre de la venta fluido y relajado.

Es cierto que nunca se llega a sondear de manera *perfecta*. El sondeo siempre es un proceso en el que se puede mejorar, pero es nuestra obligación hacerlo, no sólo porque mejorará nuestras ventas, sino porque nos evitará mucho trabajo superfluo a nosotros y al resto de la empresa.

Ya está claro, a estas alturas, que el cliente sólo comprará lo que necesita, en el momento presente o anticipándose a sus necesidades futuras, y que cualquier venta que no cumpla este requisito acabará en fracaso.

Por esta razón nuestra misión como vendedores es averiguar qué es **exactamente** lo que necesita el cliente, y por qué, y la única manera de hacerlo está en la propia entrevista de ventas. Desde luego, el cliente difícilmente sabrá responder directamente a la cuestión "¿Qué es exactamente lo que necesitas?" porque una de las claves del proceso de compra es el subconsciente del comprador, aquella parte de sí mismo que ni tan siquiera él conoce, pero que nosotros sí debemos, cuando menos, intuir.

La entrevista de ventas tiene unos recursos limitados: el tiempo, la paciencia del cliente, la capacidad de atención, o la información que podemos transferir, por poner sólo unos ejemplos. Si malgastamos esos recursos en lo que no resulta útil estaremos malogrando una oportunidad de venta.

Jorge vende productos alimentarios. Es su primera experiencia como comercial. Alguien le ha dicho que lo mejor es prepararse dos o tres discursos diferentes y soltarlos de carrerilla frente al cliente sin darle tiempo a respirar, no importa cuál sea su peculiaridad. De esta manera, piensa él, podrá decirles lo buena que es su empresa y sus productos y cuánto mejores son que los de la competencia. Sin embargo no está teniendo mucho éxito. Lleva multitud de entrevistas y muy pocas ventas. Finalmente uno de los clientes, después de haber soportado todo el rollo le confiesa que después de la segunda frase desconectó su atención porque para él toda aquella cháchara carecía de importancia porque no le solucionaba su problema real y sólo le hacía perder tiempo.

Para conocer las necesidades reales del cliente los vendedores debemos emplear las preguntas adecuadas. Se trata de averiguar lo que el cliente necesita aun cuando ni él mismo lo sabe expresar. Una vez más, la labor detectivesca del vendedor. Debemos combinar preguntas que permitan al cliente explicarse de forma extensa con otras, más precisas, que nos permitan concretar aspectos y descubrir e identificar sin lugar a dudas aquellas necesidades que, a lo largo de la conversación, irán aflorando.

> *"EL QUE SABE, NO HABLA,*
>
> *EL QUE HABLA, NO SABE"*
>
> *LAO-TSE. FILOSOFO CHINO (570-490 AC)*

Ésta última parte es la clave: una entrevista de ventas es *una conversación* con el cliente en la que debemos *escuchar* atentamente durante el 70% u 80% del tiempo. Escuchar. Escuchar. Escuchar... y saber escuchar.

Tan importante es saber preguntar como saber escuchar. Hemos de prestar atención de forma continuada, no ser reactivo ante las respuestas, no inducir las mismas *quitando las palabras de la boca*. Si acabamos las frases del cliente éste acabará por no empezarlas y la entrevista se convertirá en un monólogo nuestro y, por tanto, habrá fracasado. Hay que entrar en la lógica del cliente. Lo primero que debemos hacer los comerciales es *ponernos en el lugar del cliente.*

Una parte importante de ese 20% del tiempo que los vendedores reservamos a hablar durante la entrevista de ventas debemos dedicarlo a sondear, esto es, a obtener información que nos permita saber cuáles son las necesidades de nuestro interlocutor. Eso se consigue básicamente haciendo preguntas.

Además de para conocer las necesidades del cliente hacer preguntas nos sirve para otras muchas cosas:

- Nos permite conocer el estado de ánimo del interlocutor y las condiciones de su entorno
- Si nosotros preguntamos estaremos determinando el tema de la conversación y la dirigiremos hacia el lugar que nos interesa. De lo contrario el cliente tomará el control y es posible que no podamos alcanzar nuestro objetivo.
- Preguntar sirve para *ganar tiempo para pensar,* reduciendo el riesgo de decir cosas inconvenientes. Hay que recordar que *cuanto más se habla más errores pueden cometerse.*

- Cuando un persona habla se tranquiliza por lo que debemos ayudar a que nuestro cliente esté tranquilo y relajado, haciendo que hable.

Hay preguntas de tres tipos diferentes: preguntas abiertas, preguntas cerradas y preguntas espejo o *de rebote*.

Las preguntas abiertas

Las preguntas abiertas son las más adecuadas para iniciar una entrevista. Su finalidad es conseguir que cliente se exprese con libertad y aportan la ventaja de hacerle participar de forma activa en la conversación y despertar su interés.

Para formular preguntas abiertas suelen funcionar bien los adverbios o los pronombres interrogativos. Algunos ejemplos de preguntas abiertas serían:

- *¿Qué piensa Ud. sobre..?*
- *¿Cómo cree que se desarrollará…?*
- *¿Por qué piensa Ud. que…?,*

Lo más conveniente es incluir la primera pregunta abierta dentro de una oración introductoria o *frase de apertura*, enmascarándola, para que no sea percibida como una pregunta abierta *pura*. Esta frase de apertura centra al cliente en el tema que queremos tratar, con conceptos muy genéricos, que a lo largo de la conversación posterior iremos concretando, utilizando preguntas que vayan ciñendo el asunto a los aspectos que nos interesa tratar, como por ejemplo:

- *Recientemente estudios realizados por … han demostrado que un alto porcentaje de la mejora en eficiencia proviene de la aplicación de técnicas de mantenimiento preventivo y predictivo y, dado que lo que hacemos en mi empresa tiene mucho que ver la mejora de la eficiencia estoy muy interesado en conocer la manera en la que la empresa de Vd. desarrolla las acciones de mantenimiento.*

Las preguntas cerradas

Las preguntas cerradas son las más adecuadas para fijar, para concretar, cuestiones más precisas o para comprender un concepto que no ha quedado demasiado claro. Se formulan de modo que solo pueden tener una respuesta de elección como, por ejemplo: si o no, blanco o negro, grande o pequeño.

Las preguntas cerradas se suelen usar para fijar una necesidad o para cerrar el pedido como, por ejemplo:

- *¿Es importante que el producto tenga tres cremalleras?*
- *¿Sería suficiente con tres toneladas o necesitaría cuatro?*

- *Entonces necesitará tener el pedido aquí el martes que viene ¿no es así?*

Sin embargo hay que tener cuidado con su utilización puesto que un abuso de ellas puede producir malestar en el cliente. El exceso de preguntas cerradas provoca una sensación en el cliente de estar siendo sometido a un interrogatorio policial. Recordemos que demasiadas preguntas *endurecen* y que la conversación *tranquiliza*. La combinación de preguntas abiertas, argumentación y preguntas cerradas ayudará a concretar los asuntos que interesan.

¿Qué asuntos? Obviamente los que interesan al cliente. Siempre dentro de la programación que hemos realizado nosotros, pero teniendo en cuenta que la atención del cliente será tanto mayor cuando más le interese *a él* el asunto de la conversación. Si su interés es la reproducción de los caballitos de mar y nosotros queremos hablar del tamaño de las peceras nuestro deber es averiguar en qué medida una cosa influye en la otra y orientar en ese sentido la conversación.

Las preguntas espejo o de rebote

Las peguntas rebote o espejo se utilizan para conseguir que el cliente profundice en su propio punto de vista, de modo que nos aclare que ha querido decir con una afirmación.

Si la entrevista de ventas es una conversación con el cliente a lo largo de ella éste irá lanzando afirmaciones que darán pistas acerca de sus necesidades concretas. En muchas ocasiones incluso permiten que el cliente sea consciente también de sus propias demandas. Por ejemplo:

- Ante la afirmación "esto es muy caro", la pregunta *rebote* inmediata es "¿Cuánto había previsto?"
- Ante la afirmación "el plazo de entrega es muy largo" la pregunta *rebote* inmediata es ¿Qué plazo necesitaría Vd.?

Con las preguntas espejo lo que conseguiremos es que el propio cliente ponga en su propia boca la solución que espera. Por ejemplo, para utilizar el ejemplo anterior:

- La pregunta *espejo* de "esto es muy caro" sería "¿Por qué cree Vd. que eso es muy caro?"

¿CÓMO PUEDO SABER SI ESTOY HACIENDO LAS PREGUNTAS DE MANERA ADECUADA?

Las 7 reglas básicas de las preguntas comerciales son:
1. *Las preguntas también deben tener una estructura acorde con la entrevista.*
2. *Las preguntas deben ser adaptadas a la situación.*

3. *Las preguntas deben ser claras y fáciles de entender.*

4. *Las preguntas deben estar formuladas en el lenguaje del interlocutor y sin jerga o palabras cuyo significado desconozca el cliente.*

5. *Las preguntas han de ser cortas: ante una pregunta demasiado larga corremos el riesgo de que el interlocutor olvide la primera parte, o se concentre tanto en ella que no escuche el final.*

6. *Se debe preguntar por una sola cosa cada vez.*

7. *La pregunta debe estar relacionada con el objetivo a alcanzar.*

HAY ALGUNOS CLIENTES QUE PARECEN PONERSE MÁS TENSOS CON CADA PREGUNTA ¿CÓMO PUEDEN LAS PREGUNTAS RELAJAR LA TENSIÓN?

Lo primero que tenemos que asegurarnos es de que no estamos haciendo demasiadas preguntas cerradas pero, si lo estamos haciendo bien recordemos que, por regla general, a todas las personas nos gusta hablar de nuestra familia, de nuestros logros, de lo que poseemos. Hemos de permitir, pues, que el cliente hable de esos logros, de su creación particular, sea su empresa o sus circunstancias personales. Si el cliente se siente escuchado, si ve un verdadero interés por parte del vendedor, el ambiente se relajará de inmediato. No hay que olvidar que una entrevista comercial, debe ser un ejercicio continuo de empatía controlada.

La argumentación

Gran parte de la argumentación viene facilitada por un buen sondeo. Si hemos hecho las preguntas adecuadas y hemos identificado exactamente cuáles son las necesidades del cliente podremos exponer con claridad de qué manera los beneficios que emanan de las características de nuestro producto/servicio satisfacen esas necesidades.

En este punto es importante distinguir entre características de los productos y los beneficios para el cliente y recordar que las características de un producto no significan nada a no ser que satisfagan una necesidad concreta expresada por el cliente.

> *UN BENEFICIO PARA EL CLIENTE ES LA MANERA EN QUE UNA CARACTERÍSTICA DEL PRODUCTO SATISFACE UNA DE SUS NECESIDADES.*

O, dicho de otra manera:

> *UNA NECESIDAD DE UN CLIENTE SÓLO SE SATISFACE CON LOS BENEFICIOS QUE LE REPORTA EL USO DE UN PRODUCTO, NO CON LAS CARACTERÍSTICAS DE ÉSTE.*

Es decir, que debemos tener presente, otra vez, la famosa pirámide de Maslow para saber de qué tipo es la necesidad que el cliente necesita satisfacer.

Alberto vende ropa laboral. Ha presentado una nueva línea de producto a su cliente cuyos empleados trabajan en situaciones climáticas adversas, combinando el ejercicio físico con periodos de inactividad. La nueva línea de prendas de alta visibilidad incorpora en nuevo tejido XX-tex, con micropartículas de ZZ-Warm y fibras de FF-abric, que permite la transpiración y mantiene una temperatura de confort estable. Son unas características novedosas que no tiene ningún otro producto pero, claro, lo hacen más caro. Al final Alberto ha salido sin vender ni una camisa. Lo que Alberto no sabe es que su cliente tiene un gran número de bajas laborales como consecuencia de las sucesivas sudadas y enfriamientos que sufren sus empleados a lo largo de la jornada. La característica del nuevo tejido habría permitido al cliente de Alberto evitar un gran número de bajas laborales. Por desgracia Alberto no ha sabido traducir la característica de su producto en el beneficio que le supondría a su cliente.

El proceso de explicar de qué manera las características de un producto satisfacen las necesidades manifestadas por un cliente es **el proceso de argumentación**. Dado que se trata de que el cliente comprenda la utilidad de una o más características, la argumentación debe ser clara y estar formulada de forma simple

Para que sea efectiva nuestra argumentación debe incluir en ella al cliente, haciéndole participar de la misma y poniendo en sus palabras y su pensamiento como se va a poder beneficiar del producto o servicio, que sea el cliente quien diga con sus palabras por qué es bueno para él.

Algún tiempo más tarde Alberto vuelve a entrevistarse con el cliente. Esta vez le deja hablar y sólo interviene para aclarar algunos aspectos que pueden serle útiles durante el sondeo. Detecta esa necesidad concreta. Tras preguntar adecuadamente vuelve a exponer el producto. Ahora argumenta que su producto evita la condensación del sudor en un 85% y el enfriamiento posterior. No menciona ni el XX-tex, ni el ZZ-warm ni el FF-abric pero sí comenta que, si la mayor parte de las bajas laborales se deben a esta circunstancia, tal y como le ha dicho el cliente, su ropa laboral evitará que se produzcan y esto se traducirá en una mayor productividad y una mejor economía. Ni qué decir tiene que Alberto sale de allí con el pedido en la cartera.

El tratamiento de las objeciones

Argumentar consiste, pues, en exponer los beneficios que nuestro producto tiene para el cliente. Es decir, la manera en la que el producto satisface sus necesidades.

Lo habitual es que durante este proceso de argumentación aparezcan por parte del cliente lo que se conoce como objeciones. Las objeciones son reacciones naturales dentro de un proceso de negociación, y la venta, no lo olvidemos, tiene una gran parte de negociación.

Lejos de considerar las objeciones como *obstáculos* para la venta hemos de considerarlas como oportunidades que manifiestan signos de duda e incluso interés por parte del cliente hacia la propuesta. Un adecuado tratamiento de las objeciones nos acercará hacia el cierre de la venta.

Antes de salir a ofrecer un producto los vendedores, si queremos tratar adecuadamente las objeciones que se nos presenten, debemos conocerlo en toda su dimensión: cuándo, cómo y por qué se fabrica, los materiales utilizados, sus beneficios, el porqué de sus colores, el porqué de sus aromas, las técnicas con que se aplicaron sus colores, los elementos de la naturaleza utilizados para sus determinados aromas, las ventajas o desventajas sobre la competencia si la hay, el porqué de sus formas, de su tamaño, bajo qué normas de aprobación de calidad se fabricó, etc. De esta manera podremos *traducir* las características del producto en beneficios de uso que es lo que, finalmente, compra el cliente.

Aun cuando lo que aportáramos fueran exclusivamente beneficios para nuestro cliente éste podría percibir que estamos *ganando la partida* por lo que de alguna manera su subconsciente se revela, a pesar de reconocer algo bueno para él, y es posible que tienda a poner trabas a la negociación que está comenzando en ese momento. Por esta misma razón deberemos identificar el tipo de objeciones que se plantean y resolverlas una por una, hasta que no quede nada que impida el cierre.

> *LAS OBJECIONES DEBEN SER RESUELTAS EN SU TOTALIDAD. SI QUEDARA ALGUNA OBJECIÓN REAL SIN RESOLVER EL CIERRE DE LA VENTA SERÁ MUY DIFÍCIL, CUANDO NO IMPOSIBLE.*

Hay tres tipos de objeciones principales en función de la actitud de cliente, su sinceridad, y el fundamento de la objeción.

Objeciones NO sinceras y NO fundadas

Las objeciones no sinceras y no fundadas son aquellas que el cliente interpone como argumentos disuasorios para no realizar la venta. Carecen de fundamento porque son pretextos o excusas para salir de una situación que no le gusta.

Si identificamos una objeción no sincera y no fundada lo mejor que podemos hacer es dejarla pasar, hacer como que no la hemos oído y realizar una pregunta que lleve al cliente hacia algún punto de la negociación diferente al que estábamos. Dado que son excusas, el cliente no insistirá sobre ellas.

Objeciones sinceras y NO fundadas

Éstas suelen venir motivadas por experiencias previas del cliente, generalmente malas, con otros productos, servicios o empresas y que le hacen tener una opinión incorrecta sobre lo que se está tratando.

Este tipo de objeciones en el fondo expresan un interés del cliente por la propuesta que le presentan, se preocupa de ella y la analiza y compara con otras anteriores.

Identificar una objeción sincera y no fundada resulta sencillo. Se trata de dudas u opiniones. En el caso de que el cliente tenga una opinión errónea la forma de contrarrestarla es averiguar cuál es el desencadenante de esa opinión, generalmente con una pregunta de espejo o rebote, y aportar información aclaratoria o complementaria

¡Atención! Nunca debemos comenzar este aporte de información diciendo algo así como "está Vd. equivocado porque...". Nunca debemos combatir una opinión de manera frontal porque es demasiado agresivo y el cliente, probablemente, adopte una actitud defensiva. Siempre es mejor comenzar con un "disculpe que no me haya explicado bien; lo que quería decir es…"

Por regla general el cliente pedirá más evidencias de lo argumentado, o aclaraciones porque la explicación no le quedó clara, o bien demandará más información del producto. Puede suceder también que tenga prejuicios contra el vendedor o la marca, o bien que nuestros métodos le hayan intimidado. Sus objeciones irán, entonces, en ese sentido.

Es importante que sea el propio cliente quien llegue al convencimiento de que estaba equivocado en su apreciación, y para nosotros, vendedores, es mucho más efectivo que intentar rebatirla. Nuestro papel, pues, debe ser el de un guía, un *sherpa* que ayuda al cliente a cubrir etapas que lo conducen hacia un cambio de opinión.

Si conseguimos que el cliente modifique su punto de vista habremos avanzado a pasos agigantados hacia el cierre de la venta.

Objeciones sinceras y fundadas

Éstas son las más difíciles de contrarrestar puesto que no son excusas ni opiniones, sino que se trata de certezas y desajustes reales.

Puede ser que el cliente haya tenido una mala experiencia anterior con nuestra empresa, pero también que no perciba lo que *sale perdiendo* si no cuenta con el producto o bien que discrepe al respecto de las características que le son propias tales como precio, plazos, etc.

La única posibilidad, entonces, que existe de salvar estas objeciones con éxito es desmenuzarlas en sus componentes más pequeños, las llamadas *objeciones de fondo*, y hacer ver al cliente que vamos a encargarnos de subsanar cada una de sus disconformidades (y, por supuesto, hacerlo). Se trata aquí de volver a ganar la confianza del cliente hacia la empresa o hacia el producto o servicio en concreto.

Las objeciones no reales (no sinceras y no fundadas) se pueden obviar mientras que las *objeciones de fondo* deben ser tratadas con esmero, porque son las que realmente impiden cerrar la venta. En este punto es importante que no nos bloqueemos en una objeción sino que hagamos hablar al cliente acerca de ella puesto que, de esta forma, obtendremos más información relevante, ganaremos tiempo para pensar y podremos decidir la respuesta más adecuada.

Por último debemos conseguir que sea el cliente quien encuentre la solución a su problema, porque él sabe qué es lo que necesitaría y tiene en su interior la solución a sus propias objeciones. Por lo tanto, hay que conseguir que aflore.

Este año a Alberto le ha costado trabajo volver a presentar la línea de ropa laboral. Cuando por fin lo consigue encuentra más resistencia de la que esperaba. Finalmente el cliente habla de la poca calidad de la ropa que sirvió el año pasado. ¿Poca calidad? Alberto conoce su producto y esta objeción le sorprende, pero decide averiguar qué es exactamente a lo que se refiere el cliente cuando le achaca poca calidad. Es difícil, porque parece que ni él mismo lo sepa pero poco a poco van quedando las cosas claras: las bajas por enfermedad se redujeron, la ropa es cómoda, tiene el número de bolsillos adecuado, el tejido es resistente pero... finalmente aparece la clave: ha recibido numerosas quejas de que el tirador de la cremallera suele engancharse con el forro. Por lo demás el cliente está satisfecho con las demás características del producto. Alberto sabe que opcionalmente pueden colocarse unas cremalleras de dientes más gruesos que solucionarían el problema. Se compromete a llevar una muestra al cliente y obtiene de éste la certeza de que, si la nueva cremallera no se engancha el próximo día firmará el pedido.

Hay tres reglas básicas que no pueden olvidarse:

1. *Para vender, tenemos que haber comprado primero nuestro propio producto. Esto es, debemos conocer todas sus características y estar convencidos de los beneficios que puede reportar al cliente.*

2. *Nunca debemos discutir con el cliente. Hay que aplicar la cortesía y la amabilidad. Algunos vendedores, ante una objeción, inician una discusión con el cliente sobre lo poco que este ha entendido la argumentación, confrontando su criterio con el del cliente. Ninguna de esas entrevistas acaba en venta. Hay que entender que cuando un cliente expresa una objeción nos está dando una oportunidad para vender. No la desperdiciemos porque puede no haber una segunda.*

3. *Para tratar las objeciones debemos utilizar frases familiares, claras, sin tecnicismos, que se entiendan bien, y se debe utilizar sin reparos el ¿Por qué?, pero, ¡ojo!, no como medida de presión sino como medida real y sincera para conocer las razones del cliente.*

Antes de seguir, recordemos:

"MANTENGAMOS SIEMPRE UNA ACTITUD DE RADAR".

"HAGAMOS CASO A NUESTROS MAYORES. ACTUEMOS CON EDUCACIÓN".

"SIN UN BUEN SONDEO NO HAY UNA BUENA ENTREVISTA DE VENTAS".

"EL QUE SABE, NO HABLA; EL QUE HABLA, NO SABE".

"FORMULEMOS ADECUADAMENTE LAS PREGUNTAS".

"LAS NECESIDADES SE SATISFACEN CON BENEFICIOS, NO CON CARACTERÍSTICAS".

"SOLO SE PUEDE OBTENER EL PEDIDO CUANDO SE HAN RESUELTO TODAS LAS OBJECIONES".

CAPITULO 7
Dame el pedido.

Marcos está dispuesto a intentar algo nuevo. En primer lugar, va a intentar hacer caso a lo que le dijo su jefe. Según éste Marcos lo hace todo bien, mucho mejor que sus compañeros, con excepción del cierre. Y es que a Marcos eso del cierre de la venta le resulta un poco violento. Hasta ahora siempre había pensado que la venta es algo que cae por sí solo, como una fruta madura, cuando consigue que el cliente comprenda los beneficios y ya no puede poner más excusas ni dilatar por más tiempo la toma de una decisión. Ahora, sin embargo, está decidido a llevar las próximas entrevistas con una actitud crítica consigo mismo y alerta a las señales que le ofrezca el cliente. Su intención es aplicar las técnicas de cierre en las que su jefe ha estado adiestrándole. Por primera vez en su vida está dispuesto a poner en juego eso que su jefe llama las técnicas de cierre, y a no salir de la entrevista de ventas sin haber solicitado al cliente que le cierre el pedido.

Lo que no se cierra queda abierto

Sucede que en algunas ocasiones, una vez superados con éxito los pasos de la entrevista, la presentación, el sondeo, la argumentación, la adaptación de beneficios y el tratamiento de las objeciones, el vendedor *se relaja*, como si diera por terminado su trabajo esperando que, dado que lo ha hecho todo bien, el cliente se sentirá obligado a pasarle el pedido. Por supuesto el cliente casi nunca lo hace *motu proprio*.

Quien se haya encontrado alguna vez con un cliente que le haya dicho "deme el pedido inmediatamente que quiero firmarlo" debe atesorar ese momento como lo que es: un caso excepcional, uno entre un millón.

Hay vendedores que son grandes profesionales, que realizan muy bien su trabajo, pero que son nulos o muy deficientes a la hora de conseguir cerrar las ventas. Es habitual encontrar este perfil de vendedor en el ámbito de la venta técnica, donde lo importante para el vendedor es explicar muy bien su producto o su servicio y las bondades del mismo. Sucede así porque el vendedor tiene una vertiente más técnica que comercial, o, simplemente porque no está entrenado en las técnicas del cierre. Por el contrario es posible encontrar vendedores, sobre todo de productos o servicios no excesivamente técnicos y más semejantes al gran consumo, que están muy orientados al cierre y por más que solicitan que el cliente firme el pedido tampoco lo consiguen. Habitualmente éstos no han trabajado adecuadamente el sondeo y la argumentación es decir, no han descubierto las verdaderas necesidades del cliente, y no entienden que éste no comprará lo que no necesita.

La fase del cierre forma parte también de la entrevista de ventas, como una fase más y, por tanto, debemos mantenernos en tensión, especialmente alerta a las señales que el cliente irá ofreciendo y que indicarán cuándo está dispuesto a conceder el pedido. Un buen entrenamiento en las técnicas de cierre y la planificación previa de la entrevista, en la que habremos previsto también los momentos en los que esos cierres pueden darse, será fundamental para incrementar nuestro ratio de éxito.

Debemos intentar el cierre cuando es posible, cuando el cliente abre una *ventana de oportunidad*, pero no es conveniente atosigarle con excesivos intentos de cierre ya que podría generar en él suspicacia y provocar que se pusiera a la defensiva.

Si hemos detectado las necesidades y a lo largo de la entrevista hemos ido argumentando los beneficios es decir, cómo las características del producto las satisfacen, el interés de nuestro cliente habrá ido creciendo, al mismo tiempo que su convencimiento acerca del producto. Lo más probable es que, llegados a un punto, el cliente ofrezca señales de compra tales como hacer una pregunta relativa al producto. En ese momento podemos intentar un cierre de prueba. Si el cliente está suficientemente satisfecho aceptara la propuesta. De lo contrario, pondrá objeciones que deberán ser salvadas primero.

Hemos de intentar cerrar cuando el interés del cliente está en el punto más alto porque, de no hacerlo, la entrevista puede alargarse y el cliente irá perdiendo interés, con lo que se habrá perdido alguna oportunidad. Alargar en exceso una entrevista, sin que ello suponga tratar los verdaderos deseos del cliente, llevará a que el cierre sea poco probable y, en el mejor de los casos, el cliente pospondrá la decisión para otro momento.

Hay varias circunstancias necesarias para que un cliente pase un pedido. Nuestra misión como vendedores es asegurarnos de que todas ellas se dan antes de intentar el cierre, a saber:

- **Que el cliente tenga poder de decisión**: si hemos realizado una entrevista de venta con la persona que no decide la compra, habremos conseguido informar a alguien que podrá ayudar en la decisión, pero tendremos que repetir la entrevista con la persona que tiene realmente el poder de firmar la hoja de pedido.

- **Que el cliente confíe en los tres pilares comerciales**: la empresa, el producto y el vendedor. No es probable que un cliente pase un pedido si le falta la confianza en alguno de los tres pilares anteriores, ni aunque confíe en los otros dos.

- **Que el cliente haya comprendido con claridad los beneficios**: para lo cual habremos tenido que relacionarlos y argumentarlos muy bien frente a las necesidades del cliente.

- **Que el cliente sienta un deseo claro de poseer el producto o servicio**: este deseo proviene, en gran medida, de la consecución del punto anterior.

- **Que el cliente pueda justificar su decisión**: tanto en su interior como frente a terceros, en especial si la compra afectase a estos últimos. En esos casos el comprador tendrá que ser capaz de justificar su elección frente a las alternativas existentes, y esperará que el producto elegido satisfaga todas sus expectativas y las de los demás actores, si los hubiere, en la compra, (jefes, usuarios, cónyuge o subordinados).

- **Que no quede sin tratar ninguna objeción**: principalmente las de fondo. Una explicación mal realizada, mal comprendida, o no realizada, dará al traste con el cierre, teniendo que volver a empezar de nuevo, ello siempre que el cliente acceda a dar una segunda oportunidad.

Las señales de cierre

Una buena entrevista de ventas asegura que, a medida que transcurre, el cliente va aumentando paulatinamente su interés hacia la compra. Este interés se traduce en señales inconscientes que el cliente emite y que indican su predisposición a darnos el pedido. El vendedor debe estar atento a la aparición de estas señales para intentar el cierre en cuanto se abra la *ventana de oportunidad*.

Las señales o signos de compra significan que el cliente está en disposición de hacer la compra. Estas señales pueden ser tanto de carácter no verbal –gestos o actitudes– como verbales, siendo estas últimas las más fiables.

Es cierto que podemos malinterpretar las señales no verbales pero también es verdad que pueden ser el inicio de la manifestación de otras, cosa que debemos confirmar antes de intentar el cierre. Si el cliente realiza gestos de asentimiento o examina con detenimiento una muestra o el folleto que le hemos entregado es posible que manifieste nuevas señales que nos permitan intentar el cierre.

Los signos verbales son, por regla general, más fiables. Las preguntas acerca de las características del producto, plazos de entrega, etc. denotan el interés del cliente: son invitaciones a solucionar posibles objeciones antes de que se presenten.

De igual manera el comprador puede realizar afirmaciones a medida que argumentamos, o hace preguntas a algún posible acompañante solicitando opinión donde poderse apoyar para justificar la compra. Esto indica que le gusta lo que está oyendo. Cuando esto sucede el cliente nos está indicando que quiere cerrar pero necesita que se lo pongamos fácil, que *se lo pidamos*, en definitiva.

Algunas empresas instan a sus comerciales a llevar a cabo un cierre *de alta presión*, esto es, una entrevista de ventas orientada exclusivamente al cierre, con un alto componente de ansiedad, para que el cliente sienta aliviada la presión que se ejerce sobre él concediendo el pedido. Esta estrategia se sirve de una comunicación unidireccional y de los numerosos intentos de cierre, sin dejar al cliente otra alternativa más que conceder el pedido. Sin embargo, incluso cuando éste se produce, el rechazo del cliente se hace manifiesto y esto se traduce en un importante volumen de devoluciones.

Así, existen un conjunto de signos que nos indicarán el momento adecuado para intentar el cierre de la venta. Hemos de estar atentos. Algunos de ellos son:

Afirmaciones	Preguntas	Gestos
Me gusta	*¿Plazo de entrega?*	*Usa la calculadora*
Me lo recomiendan	*¿Qué garantía ofrecen?*	*Escribe en una hoja*
Tiene Ud. razón	*¿Hay otros modelos?*	*Toca el producto*
Es interesante	*¿Qué Forma de pago tienen?*	*Asiente con la cabeza*
Parece útil	*¿Qué cobertura dijo?*	*Presta más atención*
Tiene prestigio	*¿Hay descuentos?*	*Se relaja.*

No todo intento de cierre ha de ser necesariamente exitoso. Sin embargo sucede que algunos vendedores no llegan ni tan siquiera a intentarlo. Una de las principales causas del fracaso comercial es precisamente el miedo al rechazo. Aquellas personas que en su vida privada sienten un mayor miedo al rechazo suelen trasladarlo también a su actividad profesional, por lo que si no piden el pedido al cliente éste no lo rechazará y si no lo hace tampoco ellos se sentirán rechazados.

Otra de las grandes causas del fracaso de la venta radica en que muchos vendedores no tienen asumida la dignidad de su propio trabajo y lo consideran inconscientemente menos digno que el de un abogado, un ingeniero o un funcionario. Cuando esto sucede el comercial no afronta su trabajo con el rigor necesario y no prepara la entrevista de ventas y el cierre de manera adecuada. Esta falta de autoestima profesional hunde al vendedor en un círculo vicioso en el que la falta de preparación de la entrevista y de trabajo en la mejora del cierre se traduce en un menor número de resultados, éste en una mayor inseguridad, de la que se deriva la falta de entusiasmo y, por consiguiente, un menor número de cierres de ventas.

Para evitar este fracaso debemos trabajar las técnicas de cierre, esto es, las diferentes formas de permitirle al cliente que nos conceda el pedido. Estas formas de cierre debemos emplearlas en función de lo que hayamos previsto *antes* de estar con el cliente, durante la preparación de la entrevista, pero también de cómo se haya desarrollado ésta.

> *EL CIERRE PUEDE SER COMPLICADO SI NO SE HAN SOLUCIONADO PREVIAMENTE TODAS LAS OBJECIONES DEL CLIENTE.*

Formas de cerrar la venta. 6 posibles tipos de cierre

Hay muchas maneras diferentes de llevar a cabo el cierre de la venta, pero las más frecuentes pueden ser clasificadas en seis tipos diferentes. Cada tipo de cierre podrá ser aplicado según la personalidad del cliente, el tipo de producto que estemos vendiendo o la fase de la relación en la que se encuentren ambas partes.

Los tipos de cierre, en definitiva, son fórmulas verbales, oraciones ya preparadas que solicitan al cliente que conceda el pedido.

El cierre por *suposición*

Este cierre da por sentado que la consecuencia lógica de la entrevista, a esas alturas de la misma, es el cierre de la venta. Con este cierre no ponemos en juego la tensión entre el comprador y el vendedor. Este tipo de cierre es el último empujón a una argumentación sólida y a un adecuado tratamiento de las objeciones. Una fórmula estándar para este tipo de cierre, en el que el vendedor *supone* que el cierre es inminente e inevitable, sería:

Bien, Sr. ..., puesto que ya hemos visto que nuestro producto satisface su necesidad y cumple todos sus requerimientos supongo que no tendrá Vd. inconveniente en que le suministremos ... cantidad en el lugar y plazo establecido. ¿No es así?

El cierre del *Ahora o Nunca*

Podemos emplear este cierre para hacer hincapié en la importancia de una oferta y en su limitación en el tiempo. Es un tipo de cierre que pone en tensión al comprador puesto que exige de él una posición activa y enérgica, y no todos los compradores pueden hacerlo. Por lo tanto antes de intentar este cierre habrá que asegurarse que el perfil del cliente es el adecuado. La fórmula sería algo parecido a esto:

Éste es el momento adecuado para comprar nuestro producto ... puesto que en este momento podemos ofrecerle las condiciones tan ventajosas que ya le he comentado. Sin embargo no puedo mantener esta oferta más allá de X ... días. ¿Realizamos el pedido?

Otras versiones implican el cambio de tarifas a final de mes, o el ciclo de compras, el final del stock, o cualquier otra razón que indica un límite temporal. Sin embargo el cierre debe producirse en ese momento o bien las probabilidades de que podamos hacerlo en el futuro se reducen.

El cierre por *reducción*

Para llevar a cabo un cierre por reducción es necesario ir *troceando* el producto o servicio en diferentes partes a lo largo de la entrevista, e ir cerrado con el cliente los diferentes beneficios de las partes de manera que llega un momento en que sólo le queda por aceptar una parte pequeña, lo que hará que compre el servicio o producto en su totalidad. También se utiliza cuando repartimos el precio en costes por día, por mes o por cualquier unidad conveniente para ello.

Antes ya vimos que nuestro producto ... tiene el tamaño exacto que Vd. necesita, es funcional y automático, tal y como había pedido; está Vd. de acuerdo en que se lo suministremos en X... días; hemos quedado que el precio del producto es de ...; de manera que ahora sólo falta por acordar el tipo de embalaje ¿Está Vd. de acuerdo en que una vez arreglemos los detalles podremos firmar el pedido?.

El cierre del *pedido a prueba*

Cuando el cliente no acaba de convencerse de la idoneidad del producto y/o vemos necesario que el cliente lo utilice para que compruebe su idoneidad solemos emplear este tipo de cierre. En él suministraremos una pequeña parte del pedido para que el cliente lo ponga a prueba. Por supuesto debemos estar absolutamente seguros de que nuestra oferta pasará la prueba.

Es imprescindible que el cliente exprese su compromiso de que, si la prueba resulta satisfactoria serviremos el resto del pedido, sin más excusas. Por eso debemos formalizar el documento como si se tratara de un pedido definitivo, acordando el periodo de prueba y las condiciones en las que se llevará a cabo la comprobación. Todas estas condiciones deben figurar por escrito en el pedido.

Dado que las condiciones comerciales entran dentro de sus requerimientos, de que las características de nuestro producto satisfacen, sobre el papel, sus necesidades y de que su necesidad para el próximo semestre es de ... unidades lo mejor en estos casos es que Vd. pueda comprobarlo. Así podemos formalizar un pedido por el total del semestre pero le serviremos ...X cantidad inmediatamente para que Vd. lleve a cabo durante ... días el trabajo de ... en las circunstancias ... Si pasados esos días Vd. no nos manifiesta su disconformidad con el producto se dará curso a servir el resto del pedido.

El cierre por *anticipación*

En ocasiones el cliente se resiste a cerrar el pedido y pretende diferir el uso o el pago del producto, mientras que a nosotros nos interesa asegurar la venta. En estos casos se impone que acordemos con el cliente una entrega en el momento futuro que nos convenga a ambos, al igual que la facturación. Con esto conseguimos que el cliente tenga el producto y lo pague en el momento en que realmente vaya a hacer uso de él y nosotros nos aseguramos el cierre de la venta.

Las características del producto son las que Vd. necesita, también el packaging y el precio, lo único que no entra en sus requerimientos es la entrega ya que hasta... semanas no necesitará realmente disponer del producto. Pero eso no es realmente un problema ya que actualmente estoy en disposición de respetarle las condiciones y poderle servir y facturar el producto en el plazo requerido, de manera que, si a Vd. le parece bien, podemos formalizar el pedido inmediatamente.

El cierre de *la última objeción*

En ocasiones el cliente intenta retrasar su decisión de compra interponiendo objeciones. Es una actitud inconsciente muy habitual en los clientes, que se da hasta en ocasiones en las que el cliente desea cerrar el pedido pero la incertidumbre, la responsabilidad o la resistencia al cambio tienen un alto peso específico. Cuando detectamos que, en realidad, no se tratan de objeciones sinceras sino que son una excusa para evitar tener que tomar una decisión, se debe afrontar la cuestión de manera frontal.

Sr...., me ha planteado Vd. varias cuestiones y le he respondido a todas ellas satisfactoriamente. ¿Si le aclaro esta última objeción me dará usted el pedido?

Si el cliente responde afirmativamente entonces debemos resolver la objeción y, a continuación, conseguir la firma de la hoja de pedido. Si el cliente respondiera que no, que esa no es su última objeción entonces deberemos preguntar por el resto de demandas que le quedan por aclarar, haciendo una lista con todas ellas y, a continuación, resolverlas una por una. De esta forma se desactivará la táctica del cliente y podremos cerrar el pedido.

Una vez cerrado el pedido, si hemos preparado bien la visita, podremos y deberemos sacar nuestro talonario de pedido y sellar con una firma el acuerdo alcanzado. En este punto es necesario insistir en la necesidad de que obtengamos los pedidos por escrito, con los detalles de la venta y la firma del cliente, puesto que muchos vendedores dan por supuesto el acuerdo y prescinden del pedido firmado, apareciendo mas tarde demandas del cliente que parecía que estaban resueltas sin estarlo. Al solicitar la firma del pedido, nos obligamos a nosotros mismos y al cliente a leer lo tratado y a expresar la conformidad de ambos en todos los términos, con lo que evitaremos posteriores desajustes, devoluciones y situaciones que pueden derivar en la pérdida del cliente.

F.A.Q. YO SOY DE ÉSOS QUE LO HACEN TODO BIEN PERO LLEGADO EL MOMENTO NO ACABO DE REMATAR LA FAENA ¿QUÉ PUEDO HACER?

En primer lugar, no hagamos de ello una cuestión personal. Estamos vendiendo un producto o servicio que puede o no interesar al cliente. Lo que el cliente acepte o rechace será el producto, o nuestra forma de presentárselo, no a nosotros.

En segundo lugar no tengamos miedo a intentar cerrar la venta. Si lo hemos hecho bien durante la entrevista tendremos más de un oportunidad, y si no permitimos que el cliente nos diga "no" y exprese las razones de su negativa no podremos resolver sus objeciones. Una negativa inicial puede transformarse en un pedido si la tratamos adecuadamente. Permitamos, pues, al cliente que hable y escuchémosle porque una negativa puede ser una oportunidad.

Por otra parte pensemos que, si fallamos en tres de cada cuatro intentos, estaremos consiguiendo realizar un 25% de cierres positivos, lo cual ya quisieran para si muchos de los mejores vendedores del mundo.

F.A.Q. ALGUNO DE MIS CLIENTES HA LLEGADO A DECIRME QUE SE SIENTEN ATOSIGADOS PORQUE LO ÚNICO QUE ME INTERESA ES LLEVARME LA VENTA. ¿CÓMO DEBO ACTUAR?

Como ya hemos dicho no hemos de tener miedo a intentar cerrar pero no seamos pesados. Un elevado número de intentos provoca que el cliente perciba que tenemos un ansia desmesurada por llevarnos el pedido y esto genera rechazo, especialmente si las objeciones no han sido resueltas, puesto que provoca en el cliente la idea de que hay algo que el vendedor quiere ocultarle. Ocupémonos primero de satisfacer la necesidad del cliente y ya veremos como podremos cerrar el pedido sin necesidad de presionar al cliente.

Asegurémonos de recordar lo siguiente antes de seguir adelante:

*"**D**EBEMOS INTENTAR EL CIERRE CUANDO EL CLIENTE ABRE UNA VENTANA DE OPORTUNIDAD".*

*"**S**I SE ALARGA MUCHO LA ENTREVISTA, Y NO INTENTAMOS EL CIERRE EN EL MOMENTO OPRTUNO, EL CLIENTE PERDERÁ EL INTERÉS".*

*"**E**L CLIENTE DEBE TENER PODER DE DECISIÓN, Y DEBE PODER JUSTIFICAR LA COMPRA".*

*"**E**L CLIENTE DEBE CONFIAR EN EL PRODUCTO, LA EMPRESA Y EL COMERCIAL".*

*"**H**AY QUE ESTAR MUY ATENTO A TODAS LAS SEÑALES DE CIERRE, <u>Y CERRAR</u>".*

*"**E**L CIERRE PUEDE QUE NO SE CONSIGA SI NO SE HAN SOLUCIONADO TODAS LAS OBJECIONES".*

*"**N**O NOS OLVIDEMOS DE <u>CERRAR EL CIERRE</u>".*

CAPITULO 8

¿Y después, qué?

Por fin un año tranquilo. Marcos se siente como nunca. No es porque haya cubierto los objetivos de ventas. Ahora sabe que no es una simple cuestión de cifras. De alguna manera siente que ahora ha establecido con sus clientes una relación mucho más fluida. Él se siente cómodo y los clientes con él. Ha aprendido a prever sus necesidades y algunos de ellos se sorprenden de que les visite o les llame justo en el momento en el que tienen necesidad de él. No es que no cometa errores pero ahora ha aprendido a gestionarlos de manera que no significan el fin de la relación con el cliente. Está satisfecho y ahora sólo piensa en crecer. Mejorar la calidad de su cartera de clientes, mejorar sus ratios, mejorar su gestión del tiempo… No obstante, con mucha frecuencia vuelve a plantearse cuestiones que ya creía resueltas y ha llegado a la conclusión de que la gestión comercial es como un libro el cual, cuando uno cree que lo ha acabado de leer, debe volver a comenzar.

Después de la entrevista

En contra de lo que muchos vendedores piensan el cierre del pedido no es el fin de la venta. Éste no llega ni tan siquiera cuando el cliente ha recibido y pagado el producto o servicio. El verdadero fin de la venta llega cuando el cliente ha satisfecho la necesidad que le llevó a efectuar la compra.

Cada cierre supone el inicio de una nueva etapa en la relación con el cliente, puesto que después de finalizada la venta debemos continuar realizando un mantenimiento comercial con el cliente. Este mantenimiento consiste, en realidad, en que nos encontremos siempre en disposición de servir al cliente.

> *ESTA VOCACIÓN DE SERVICIO DEMUESTRA LA VERDAD DE LA ACCIÓN COMERCIAL Y PONE DE MANIFIESTO EL VERDADERO ENFOQUE COMERCIAL DEL VENDEDOR Y DE LA EMPRESA PARA LA QUE TRABAJA.*

Si mantenemos una atención continuada a nuestros clientes no sólo confirmaremos que trabajamos para conseguir satisfacer mejor sus necesidades sino que además (o precisamente por ello) obtendremos ventas adicionales y un mayor índice de repetición de los pedidos.

Mantener viva la relación con un cliente satisfecho hace posible que éste actúe como nuestro prescriptor, abriéndonos las puertas de otros clientes.

Mantener viva la relación con un cliente insatisfecho puede permitir reconstruir la relación partiendo de una preocupación sincera por él y de un compromiso firme no sólo por nuestra parte, sino por parte de toda la empresa.

A modo de ejemplo, y como recordatorio del capítulo 2, podemos incluir la relación que mantienen con el cliente las empresas de *tablets*, videoconsolas o de juegos por internet. Al crear los clubs de cliente o los juegos en red, están generando relaciones con sus antiguos clientes y propiciando la entrada de otros nuevos. Se preocupan de enseñar a jugar, sus manuales son esplendidos y sus actualizaciones de producto suelen llevar aparejado el éxito en los lanzamientos.

Síguele, síguele.

José Luis vende merchandising y regalo de empresa. Mantiene una buena relación con sus clientes. O eso cree él. Este año aún no había visitado a industrias XX, un cliente pequeño pero que ha estado comprándole durante los últimos tres ejercicios. Sin embargo sale de la visita con una extraña sensación, muy próxima a la de tener cara de tonto. Industrias XX cerró hace un par de semanas su suministro anual con otra empresa y no se les ha ocurrido decir otra cosa más que "como no sabíamos nada de ti…"

Algunos vendedores tienen la tentación de pensar que, una vez que han formalizado unas cuantas ventas con un cliente éste pasa a ser *de su propiedad*, como si sólo por el hecho de haber sido cliente con anterioridad pudiera retenerlo, cautivo. Otros vendedores, más fatalistas, creen que es una cuestión de tiempo que al cliente le llegue una oferta más barata que acabará con la relación entre ambos.

Si alguno de los dos tipos de vendedor está leyendo estas líneas, y sigue pensando igual, es necesario recomendarle que vuelva a comenzar de nuevo el libro desde el principio. Todos los demás, es decir, aquellos que se preguntan cómo pueden mejorar su relación con sus clientes, deben conocer lo siguiente:

- El 67% de los clientes perdidos por las compañías lo son por falta de contacto regular.
- La insatisfacción por el producto vendido o por el servicio prestado provoca el 15% de las pérdidas de clientes.
- Únicamente el 9% de los clientes abandonan la relación con un proveedor a causa de la actuación de la competencia.

Hoy más que nunca las empresas necesitan contar con clientes fieles, clientes que les aseguren ventas repetitivas. Éste es uno de los principales activos de las empresas actuales y también uno de los más difíciles de conseguir. Sin embargo es fundamental perseguirlo porque el conjunto de los clientes fieles de una empresa son la base de su sostenibilidad, sobre la que asegurar el crecimiento.

La repetitividad de la venta es un factor que cambia en función del producto o servicio de que se trata y del perfil del cliente. Así uno comprará el pan diariamente, pero los productos de limpieza se renovarán cada quince días aproximadamente. Otros productos, como los seguros tienen ciclos semestrales o anuales, al tiempo que un vehículo tendrá una repetitividad media de unos siete años.

Podríamos pensar que cuanto menor es el precio del producto también es mayor su repetitividad, pero esto no es necesariamente cierto. Si nos fijamos en un producto de bajo coste (por ejemplo, las chucherías dulces) veremos que los ciclos de consumo son diferentes en función de las características del cliente. Así, por ejemplo, cabe pensar que los niños las consumen con más frecuencia que los adultos. La edad, por tanto, puede ser considerada una característica más relevante que el precio para determinar la repetitividad de la compra.

La frecuencia con la que un cliente repite una compra depende pues, únicamente, de la necesidad de ese cliente en particular y por tanto, cuando hagamos nuestra previsión anual de ventas deberemos estudiar cada caso de manera individual.

F.A.Q. ¿CÓMO QUE LA PLANIFICACIÓN DEL PRÓXIMO AÑO MARCARÁ MI AGENDA? ES IMPOSIBLE PREVER EL DÍA A DÍA CON UN AÑO DE ANTELACIÓN.

Los vendedores no somos robots, ni debemos serlo, pero si no planificamos adecuadamente uno puede encontrarse con que tiene más clientes de los que puede atender, o no los suficientes como para ser rentable. Uno puede encontrarse con épocas del año en las que tenga poca actividad y otras en las que ande saturado. La planificación no debe servir para establecer de antemano las citas con los clientes, sino para trazar un plan y saber si a final del año habremos ganado dinero y lo habremos dado a ganar o si debemos hacer algo diferente a lo habitual. En cualquier caso siempre es recomendable volver a leer el capítulo 4.

En qué consiste el seguimiento

Fidelizar al cliente es posible. A veces pensamos que eso de fidelizar sólo lo hacen grandes marcas como *Apple, Coca-Cola* y *Ferrari*, pero un comercial tiene en su mano también fidelizar a sus clientes.

Los clientes fieles a las marcas mencionadas anteriormente lo son porque identifican los valores de la marca con una parte de sí mismos. Esto implica una especie de complicidad entre la marca y el cliente pero también que en cada contacto con los productos o servicios de la marca el cliente recibe *valor*.

Nosotros, como vendedores, y no sólo las marcas, podemos también fidelizar a nuestros clientes, y eso podemos hacerlo aportándoles *valor* con nuestros productos o servicios, en cada uno de los contactos que tengamos con ellos. Para eso es necesario poner en juego toda nuestra creatividad y preguntarnos, con cada visita: *"¿Qué de bueno va a suponerle mi visita de hoy al cliente?"*

Hacer un seguimiento adecuado a un cliente implica hacerlo de manera continuada, es decir, realizando visitas periódicas. Sin embargo cada cliente o tipo de cliente tiene su particularidad. Cada uno de ellos requiere un seguimiento individualizado, esto es, adaptado a sus necesidades. No todos ellos deben tener los mismos ciclos de compra, ni todas las visitas en todos los momentos del año han de repetir el mismo patrón.

Por esta razón es fundamental que al inicio de cada ejercicio estudiemos nuestra propia cartera de clientes y uno por uno, sabiendo el rendimiento que podemos obtener de ellos, planifiquemos lo que vamos a hacer con cada uno de ellos a lo largo del año: cuántas visitas, de qué tipo, qué esperamos aportar en cada una y qué esperamos obtener. Esta planificación *cierra el ciclo* de la gestión comercial y de ella deberíamos obtener un documento, como un mapa del tesoro, que nos permita descifrar el camino a seguir y que marque las líneas generales de nuestra agenda diaria.

Llevar a cabo actividades continuadas de seguimiento nos permite mantener una buena relación con los clientes y obtener información. Nunca se acaba de saber todo de un cliente porque su entorno, como el nuestro, cambia y sus necesidades de ayer no tienen por qué ser las de hoy.

Estas actividades de mantenimiento son sumamente diversas y dependen, como ya se ha comentado, de la creatividad del comercial, pero algunas de ellas pueden ser:

- La entrega de catálogos
- La presentación de promociones
- La demostración de nuevos productos.
- La entrega personal de mercancía
- La realización de encuestas de satisfacción
- La invitación a eventos y ferias
- El estudio de las previsiones anuales del cliente
- La previsión de roturas de stock del cliente (por eso es importante conocer su ciclo de consumo)
- Las alertas por las posibles roturas de stock en el mercado internacional
- La información sobre cambios en la normativa o tarifas
- Etc.

Estas actividades no tienen por qué ser realizadas mediante visitas comerciales. Un buen seguimiento debe incorporar desde comunicaciones escritas –tales como cartas de agradecimiento por el pedido-, a llamadas telefónicas o asistencia a eventos.

Cualquier actividad de mantenimiento debe ser importante para el cliente, debe aportarle *algo*, o de lo contrario la próxima vez tendremos más difícil disponer de su tiempo y, por tanto, nos costará más concertar una cita con él.

Lo que es evidente es que debemos aprovechar todos los contactos directos con el cliente –aquellos en los que existe un cierto diálogo- para sondear, es decir, para averiguar más acerca de sus necesidades, de lo que es importante para él, y de su satisfacción con el producto o servicio vendido.

Por supuesto, si un cliente demuestra su satisfacción nuestra obligación será intentar vender otros productos o servicios de la empresa. Una de las acciones fundamentales a realizar cuando nos encontremos ante un cliente satisfecho es algo que habitualmente se pasa por alto y que, sin embargo, es de suma importancia para hacer crecer la cartera de clientes: debemos *pedir referencias*, es decir, debemos saber a quién nos recomendaría el cliente y valernos de esta recomendación para acceder al cliente potencial. Ir recomendado abre muchas puertas, como ya se sabe.

Por otra parte, dado que un buen comercial no puede serlo si no tiene una cierta vocación de servicio y es su obligación anticipar las necesidades de sus clientes, si queremos ser buenos vendedores debemos adelantarnos también a sus posibles reclamaciones, cosa que no es posible sin un buen sondeo, y sin contar con un adecuado servicio post-venta.

Tratamiento de las quejas y reclamaciones

Una nueva visita para José Luis. Una referencia de otro cliente. Es una empresa organizadora de grandes eventos que el año pasado tuvo problemas con su proveedor. José Luis entra confiado en que después de tan amarga experiencia querrán cambiar, pero sale nuevamente contrariado porque el cliente no ha atendido a su propuesta. Al parecer el proveedor reaccionó el año pasado con rapidez y en poco más 24 horas había solucionado el problema, un problema causado por él mismo. Ahora el cliente dice que por el momento prefiere contar con la seguridad que le da su proveedor.

Es casi imposible conocer a un vendedor que no se haya tenido que enfrentar a la reclamación de un cliente. Es más, casi podría concluirse que uno no llega a convertirse en un auténtico comercial hasta que no lo ha hecho adecuadamente.

Una reclamación siempre pone en tensión al vendedor y eso hace que, por regla general, se tenga *miedo* de ellas, se huya de ellas, y por eso precisamente tendemos a atenderlas como si se trataran de una *molestia*. Esto se traduce en que quien atiende la reclamación de un cliente esté más preocupado en que el mal trago *pase pronto* que en entender realmente lo que supone esta reclamación para la empresa.

Un buen vendedor, y recordemos aquí que en la empresa todo el mundo es vendedor, debe saber que, aunque parezca lo contrario, **una reclamación supone una excelente oportunidad para fidelizar al cliente.**

Para tratar adecuadamente las reclamaciones lo primero que tenemos que hacer es evitar ponernos a la defensiva, porque cuando un cliente formula una reclamación está exponiendo abiertamente sus necesidades insatisfechas y esto quiere decir que se nos abre una posibilidad cierta de satisfacerlas.

Existen seis reglas básicas para el tratamiento adecuado de las reclamaciones:

- **Escuchemos la totalidad de lo que el cliente diga, sin interrumpirle**. Pero no nos limitemos a *dejarle hablar*. Escuchémosle. Entendamos lo que está queriendo decir.
- **No hagamos de una reclamación un asunto personal**. Recordemos que si el cliente está enfadado no es con nosotros sino con la situación. Tengamos una actitud constructiva o, de otra forma, conseguiremos que también se enfade con nosotros.
- **Tomemos nota de los hechos y comprobemos la exactitud de los mismos**. Hagámoslo para servir al cliente, para encontrar la razón última de lo que sucedió y ponerle remedio, no sólo por desconfianza hacia lo que dice el cliente.
- Cuando el cliente haya expuesto totalmente su reclamación hemos de repetírsela, con otras

palabras, para asegurarnos tanto nosotros como el cliente de que **hemos entendido exactamente todos los aspectos relevantes.**

- Si está en nuestra mano **propongamos inmediatamente una solución** y procuremos que ésta sea la correcta para la situación. Si la solución requiere de la participación de terceros planteemos al cliente los pasos que vamos a seguir y cuándo contactaremos de nuevo con él para comunicarle la solución. Contactemos siempre con el cliente en el plazo establecido, aunque sea para fijar un nuevo plazo.

- **Terminemos el tratamiento de la queja con una frase tranquilizadora** y asegurémonos de seguir el caso y que éste se solucione en la forma propuesta.

En cualquier caso, recordemos que la mejor manera de pensar en el beneficio de la empresa y en el nuestro propio es pensar en la satisfacción del cliente.

F.A.Q. LO QUE PASA ES QUE ALGUNOS CLIENTES CAMBIAN DE OPINIÓN O SE ECHAN ATRÁS Y A MÍ ME HAN TOCADO CASI TODOS.

Por supuesto que esos clientes existen, pero en el 90% de los casos las reclamaciones son legítimas y, de este porcentaje, más de la mitad se debe a que el cliente recibe productos o pedidos que no había solicitado. Si somos de esos comerciales que tenemos un número importante de reclamaciones hemos de revisar nuestra manera de sondear, porque podemos y debemos hacerlo mejor. Un mejor sondeo reducirá en gran medida las reclamaciones que recibimos.

Antes de pensar que ya está todo hecho asegurémonos de recordar esto:

"LA VOCACIÓN DE SERVICIO DEMUESTRA LA VERDAD DE LA ACCIÓN COMERCIAL".

"EL 67% DE LOS CLIENTES QUE SE PIERDEN, SE PIERDEN POR NO ATENDERLOS".

"SOLO ES POSIBLE QUITARLE EL 9% DE CLIENTES A LA COMPETENCIA" (COMO MÁXIMO).

"PREOCUPÉMONOS POR NUESTROS CLIENTES COMO POR UN AMIGO, PERO NO DEJEMOS DE ACTUAR COMO PROFESIONALES".

"NO HAY QUE OLVIDAR EL PEDIR QUE NOS RECOMIENDEN".

"UNA RECLAMACIÓN SUPONE UNA EXCELENTE OPORTUNIDAD DE FIDELIZACIÓN, SI LA ATENDEMOS CORRECTAMENTE".

"LA MEJOR MANERA DE PENSAR EN NUESTRO BENEFICIO, ES PENSAR EN EL BENEFICIO DE NUESTROS CLIENTES".

Los últimos consejos

La venta profesional es una actividad que puede reportar tantos o más éxitos que cualquier otra carrera que una persona pueda decidir emprender. El secreto para que esto ocurra está, de igual modo, en realimentar cada día los conocimientos que sobre la materia se poseen, procurando estar *a la última* en las disciplinas que conlleva la venta profesional.

Del mismo modo que ninguna persona que pudiera evitarlo dejaría su salud en manos de un medico que, desde que terminó su doctorado, no se ha reciclado con conferencias, congresos y estudios de nuevas disciplinas médicas, los vendedores, y las empresas que los contratan no pueden permitirse el lujo de estar desactualizados, puesto que de ellos depende el principal activo que permite la subsistencia en el mercado: los clientes.

Así los vendedores debemos tener la necesidad interna de continuar cada día con nuestra formación de modo que, en un mercado cada día más cambiante, en una vida cada día más cambiante, podamos dar adecuada respuesta a los retos que se nos presentan.

¡QUE TENGA BUENAS VENTAS ¡

TABLA DE CONTENIDOS

AGRADECIMIENTO

Este libro no habría sido posible sin el apoyo y el impulso de N&N Consultores S.L., cuyos directivos se han volcado y han promovido en todo momento su publicación.

El fruto de este impulso ha supuesto el que un extracto de este libro haya sido adoptado por la consultora y se haya convertido en una valiosa herramienta para las formaciones en *Técnicas de Venta*, que con tanto éxito viene realizando esta consultora de formación comercial desde hace más de 3 años.

Vaya, pues, nuestro agradecimiento a esta consultora y a sus directivos.